Zwischen Wahn und Wahrheit

Michael C. Bauer · Laura Deinzer
Hrsg.

Zwischen Wahn und Wahrheit

Wie Verschwörungstheorien und Fake News die Gesellschaft spalten

Hrsg.
Michael C. Bauer
Körperschaft des öffentlichen Rechts
Humanistische Vereinigung
Nürnberg, Deutschland

Laura Deinzer
philoscience – gemeinnützige Gesellschaft für Wissenschaftsvermittlung mbH
Nürnberg, Deutschland

ISBN 978-3-662-63640-4   ISBN 978-3-662-63641-1 (eBook)
https://doi.org/10.1007/978-3-662-63641-1

Die Deutsche Nationalbibliothek verzeichnet diese Publikation in der Deutschen Nationalbibliografie; detaillierte bibliografische Daten sind im Internet über http://dnb.d-nb.de abrufbar.

© Der/die Herausgeber bzw. der/die Autor(en), exklusiv lizenziert durch Springer-Verlag GmbH, DE, ein Teil von Springer Nature 2021
Das Werk einschließlich aller seiner Teile ist urheberrechtlich geschützt. Jede Verwertung, die nicht ausdrücklich vom Urheberrechtsgesetz zugelassen ist, bedarf der vorherigen Zustimmung der Verlage. Das gilt insbesondere für Vervielfältigungen, Bearbeitungen, Übersetzungen, Mikroverfilmungen und die Einspeicherung und Verarbeitung in elektronischen Systemen.
Die Wiedergabe von allgemein beschreibenden Bezeichnungen, Marken, Unternehmensnamen etc. in diesem Werk bedeutet nicht, dass diese frei durch jedermann benutzt werden dürfen. Die Berechtigung zur Benutzung unterliegt, auch ohne gesonderten Hinweis hierzu, den Regeln des Markenrechts. Die Rechte des jeweiligen Zeicheninhabers sind zu beachten.
Der Verlag, die Autoren und die Herausgeber gehen davon aus, dass die Angaben und Informationen in diesem Werk zum Zeitpunkt der Veröffentlichung vollständig und korrekt sind. Weder der Verlag noch die Autoren oder die Herausgeber übernehmen, ausdrücklich oder implizit, Gewähr für den Inhalt des Werkes, etwaige Fehler oder Äußerungen. Der Verlag bleibt im Hinblick auf geografische Zuordnungen und Gebietsbezeichnungen in veröffentlichten Karten und Institutionsadressen neutral.

Covermotiv: © stock.adobe.com/JrCasas/ID 377588331
Covergestaltung: deblik, Berlin

Planung/Lektorat: Sarah Koch
Springer ist ein Imprint der eingetragenen Gesellschaft Springer-Verlag GmbH, DE und ist ein Teil von Springer Nature.
Die Anschrift der Gesellschaft ist: Heidelberger Platz 3, 14197 Berlin, Germany

Vorwort der Herausgebenden

Über den Wahrheitsbegriff haben sich bereits in der Antike so manche Philosoph*innen den Kopf zerbrochen. Seither zieht sich die Frage danach, wie der Mensch zur Erkenntnis beziehungsweise zur Wahrheit gelangt, wie ein roter Faden durch die Philosophiegeschichte. Und auch wahnhafte Erzählungen, der Glaube an mehr oder minder absurde Verschwörungen und abenteuerliche Mythen scheinen die Menschen seit Jahrhunderten nicht loszulassen. Im medialen Zeitalter sieht sich nun jeder Einzelne tagtäglich mit einer Flut an Informationen konfrontiert, mehr als jemals zuvor in der Geschichte der Menschheit. Neben Nachrichten, die im Minutentakt unsere Bildschirme füllen, prasseln Kommentare, Verschwörungsmythen und Fake News ungefiltert auf die Lesenden- und Hörer*innenschaft ein. Zwischen wahnhaften, aufgehetzten Diskursen und verlässlichen Informationen zu unterscheiden, ist eine der großen Herausforderungen im sogenannten postfaktischen Zeitalter. Der Wahrheitsbegriff wird in dieser Ära aufgeweicht: Vertrauen wir Meinungen statt Fakten? Stehen Gefühle statt Evidenz im Vordergrund? Fallen wir auf Gerüchte herein, statt Beweise zu sammeln?

Mythen und Halbwahrheiten sind gewiss kein neuen Phänomene, die die Postmoderne erfunden hätte. Jedoch bieten das Internet und die sozialen Medien eine unüberschaubare Bühne für gefühlte Tatsachen, die sich in Sekundenschnelle ausbreiten können und auf viele offene Ohren treffen. Begegnen kann man diesen Informationen nur, indem man ihnen kritisch gegenübertritt: Welche Quellen liegen einer Meldung zugrunde und basieren sie auf Erkenntnis oder doch nur auf bloßen Meinungen? Dieses Filtern und Bewerten von (Des-)Informationen ist nicht einfach. Es benötigt Kompetenzen, die erst erlernt werden müssen. Soziale Medien, wie beispielsweise Twitter oder Youtube, reagieren seit einiger Zeit auf die zunehmende Verbreitung von Unwahrheiten, indem Faktenchecks bei offensichtlichen Lügen eingeblendet oder Fake News gelöscht werden.

Verschwörungserzählungen verbreiten sich zwar nicht nur, aber besonders in Krisenzeiten. Denn sie postulieren, gerade in Zeiten gesellschaftlicher Umbrüche einfache Antworten bereitstellen zu können und damit (angebliche) Sicherheiten zu bieten. Statt wissenschaftlicher Evidenz treten Halbwahrheiten, Fiktion und irrationale Erzählungen zutage. Fragen nach dem Warum und Wieso sollen mit vermeintlich simplen Erklärungsmustern beantwortet werden. Schuldige an den widrigen Zeitläuften werden schnell gefunden, indem (uralte) Feindbilder beschworen werden. Nicht zuletzt die Coronapandemie erwies sich als Nährboden für Verschwörungsdenken. Für die Wissenschaftskommunikation, die Tag für Tag gegen falsche Behauptungen und Unwahrheiten antritt, ergeben sich besonders in diesen Krisen große Herausforderungen. Wie kann Verschwörungstheoretiker*innen am besten begegnet werden? Wie sollen Mythen entkräftet und Fakten an ihre Stelle gesetzt werden? Wie meistern Wissenschaftler*innen gesellschaftliche Diskurse, sodass Laien diesen gewinnbringend folgen und sich in der öffentlichen Meinungsbildung zurechtfinden können?

Der vorliegende interdisziplinäre Band beschäftigt sich im Spannungsfeld zwischen Wahn und Wahrheit mit diesen Herausforderungen der Wissenschaft und Gesellschaft, mit Halbwahrheiten, Verschwörungen und offensichtlichen Mythen immer wieder aufs Neue umzugehen.

Fabian Chmielewski plädiert in seinem Beitrag für ein „beherztes *Jein*" als Antwort auf die Frage nach der Wahrheit. Ausgehend von der begrenzten Wahrnehmungs- und Erkenntnisfähigkeit des Menschen zeigt der Text den Leser*innen verschiedene Sphären der Wahrheit auf. In einem Schulterschluss sollten diese miteinander vereint werden, um die Handlungsfähigkeit der Gesellschaft sicherzustellen: gewissermaßen ein Wahrheitsvertrag, auf den sich die Gesellschaft einigt, der natürlicherweise vorübergehend und am kleinsten gemeinsamen Nenner ausgerichtet ist. Dabei bietet der Beitrag psychologische ebenso wie philosophische Einblicke in das Spannungsfeld zwischen den Illusionen, vor denen kein Mensch gefeit ist, und dem Streben nach Tatsachenwahrheit durch wissenschaftliche Auseinandersetzung.

Kennen Sie den *Mozart*-Effekt? Und handelt es sich dabei um Wahrheit oder Mythos? Eine Antwort auf diese und zahlreiche weitere Fragen bietet der Beitrag von **Uwe Kanning** und **Meinald Thielsch**. Jeder und jede von uns hat eine eigene Sicht auf die Welt und einen eigenen Blick auf das menschliche Verhalten. Diese Sicht kann geprägt sein von wissenschaftlichen Erkenntnissen, von belastbarer Forschung, aber auch von falschen Behauptungen oder Theorien, die mehr an Mythen als an Wahrheiten erinnern. Die Autoren stellen zwei Studien vor, die sich mit diesem Phänomen beschäftigen: Welches Wissen aus psychologischer Forschung ist bei wissenschaftlichen Laien bekannt und welche Mythen der (Alltags-)Psychologie halten sich auch noch lange nachdem sie widerlegt wurden hartnäckig in den Köpfen?

Der Begriff Verschwörungstheorie hat eine ebenso lange Geschichte, wie Verschwörungstheorien selbst. **Claus Oberhauser** zeigt in seinem Beitrag, wie die Geschichte des Begriffs dabei helfen kann, Entwicklungen von Verschwörungsdenken und dahinterliegende Rhetoriken aufzudecken. Dabei nimmt der Text Bezug auf Forschungsperspektiven zur Verwendung des Begriffs Verschwörungstheorie und greift daneben aktuelle Diskurse in der Coronapandemie auf. In aktuellen Diskussionen – und auch in diesem Band – sieht sich die Leser- oder Zuhörerschaft mit unterschiedlichen Begrifflichkeiten konfrontiert: Verschwörungserzählungen, Verschwörungsmythen oder Verschwörungsideologien werden nahezu synonym verwendet. Der Autor erklärt in seinem Text Geschichte und Verwendungsweisen sowie Problematiken der unterschiedlichen Termini.

Kaum ein Ereignis hat die jüngste Geschichte so sehr geprägt wie die Coronapandemie. **Sina Klaß** und **Sebastian Bartoschek** bieten in ihrem Beitrag einen Überblick über die Schnittstelle von Gesundheitswissenschaften und Verschwörungserzählungen. Nicht nur am Beispiel der Coronapandemie, sondern auch an weiteren Verschwörungsmythen aus dem Gesundheitsbereich zeigen die Autoren, dass gesundheitsbezogene Themen eine enge Verzahnung mit Verschwörungserzählungen und Fake News aufweisen. Außerdem bietet der Beitrag einen Überblick über die Frage, welche Lösungsansätze und Handlungsmöglichkeiten notwendig sind, um diesen gesundheitsbezogenen Verschwörungserzählungen und Fake News zu begegnen.

Forscher*innen, Wissenschaftler*innen und Journalist*innen prägen im Jahr 2020 wie kaum zuvor das öffentliche Meinungsbild. **Simone Hespers** und **Katrin Götz-Votteler** befassen sich anhand der Coronakrise mit Wissenschaftskommunikation. Wissenschaftliche Forschung ist von grundlegender Bedeutung für die Bewältigung von Krisen (und dazu zählt nicht nur die Coronakrise). Die Autorinnen zeigen an drei Beispielen, wie wichtig das Zusammenspiel von Wissenschaft und Medien in einem solchen Bewältigungsprozess ist und wie die Öffentlichkeit befähigt werden kann, sich eine fundierte Meinung abseits von Verschwörungsideologien zu bilden.

Die Coronakrise erwies sich gewissermaßen als Nährboden für Verschwörungsdenken, Fake News und falsche Behauptungen. **Jan Skudlarek** beschreibt in seinem Beitrag ebenjene Wahrheitsprobleme, die die Pandemie mit sich gebracht hat. Corona führte zu einer Beschleunigung der Aufweichung des Wahrheitsbegriffs und steht laut Skudlarek quasi sinnbildlich für die Glaubwürdigkeitskrise, in der wir stecken. Anhand von Beispielen für verschwörungstheoretische Äußerungen zur COVID-19-Pandemie verdeutlicht der Autor außerdem, wie Verschwörungserzählungen funktionieren, und deckt immer wiederkehrende Narrative auf.

Die Biologiedidaktikerin **Anna Beniermann** befasst sich in ihrem Beitrag mit „socio-scientific issues". Damit werden wissenschaftliche Themen bezeichnet, die gesellschaftlich kontrovers diskutiert werden und eine ethische Dimension haben. Dazu gehören solche Themen wie Impfungen, Klimawandel oder Gentechnik – allesamt hochkontrovers in der Diskussion. Wie lassen sich die Unterschiede in ihrer öffentlichen Akzeptanz erklären? Wie sich zeigen läßt, spielen dabei weniger mangelnde Bildung, sondern affektive Faktoren wie Weltanschauungen eine Rolle. Dabei kommt deren identitätsstiftende Funktion zum Tragen und es wird häufig mit einem Verweis auf eine Autorität argumentiert. Doch zeigt sich beim Vergleich der Argumentationen bei unterschiedlichen Themen auch eine Kontextabhängigkeit dieser Argumentationen und oftmals hohe Unsicherheit. Bei der schulischen Vermittlung kann es daher für deren Erfolg helfen, diese affektiven Faktoren mitzudenken und mit ihnen empathisch und respektvoll umzugehen.

Den Informationen, die wir schon kennen bzw. die wir schon einmal gehört oder gelesen haben, schenken wir mehr Glauben als uns völlig neuem Wissen. Der Wahrheitsgehalt scheint für uns größer zu sein – dasselbe gilt auch für Informationen, die unseren Einstellungen oder unserem Weltbild entsprechen. **Ines Welzenbach-Vogel** beschreibt in ihrem Beitrag, welche weiteren selektiven Prozesse Menschen bei der Verarbeitung von medial vermittelten Aussagen durchlaufen. Die Autorin wirft zudem einen Blick auf die Bedeutung von Echokammern und Filterblasen in der Verbreitung von Fake News und Verschwörungsmythen. Nicht zuletzt bietet der Beitrag einen Überblick über notwendige Voraussetzungen, um Informationen – beispielsweise aus sozialen Medien – einordnen und bewerten zu können.

Die Herausgebenden danken den Autor*innen und allen Beteiligten, die an der Realisierung des Bands mitgewirkt haben. „Zwischen Wahn und Wahrheit" war als Tagungsthema für das 22. **turm**der**sinne**-Symposium der philoscience gGmbH geplant, das im September 2020 in Nürnberg stattfinden sollte. Aufgrund der Coronapandemie musste das Symposium ausfallen; dem hochbrisanten Thema wird nun in und mit diesem Band Rechnung getragen.

Nürnberg
im März 2021

Michael C. Bauer
Laura Deinzer

Inhaltsverzeichnis

Sphären der Wahrheit – Ein Plädoyer für
Bescheidenheit   1
Fabian Chmielewski

Mythen der Alltagspsychologie – Was Menschen
über Forschungsergebnisse der Psychologie zu
wissen glauben   31
Uwe Peter Kanning und Meinald T. Thielsch

„Verschwörungstheorie". Genealogie eines
problematischen Begriffs   57
Claus Oberhauser

Gesundheitspsychologische Überlegungen zu
Fake News und Verschwörungserzählungen   81
Sina Klaß und Sebastian Bartoschek

Wissenschaftskommunikation und
öffentliche Meinungsbildung am Beispiel der
Coronapandemie 109
Katrin Götz-Votteler und Simone Hespers

Die „Plandemie": Verschwörungserzählungen
und Wahrheitsprobleme in der Coronapandemie 137
Jan Skudlarek

Kontroversen zwischen Wissenschaft und Gesellschaft: Argumentationen von Kreationisten,
Impfgegnerinnen, Klimawandelskeptikern und
Gentechnikgegnerinnen 159
Anna Beniermann

Gefilterte Ansichten – Zur Rolle von Filterblasen
und Echokammern bei der Nutzung, Verarbeitung
und Aneignung von Fake News
und Verschwörungstheorien 185
Ines Clara Welzenbach-Vogel

Herausgeber- und Autorenverzeichnis

Über die Herausgeber

Michael C. Bauer, Diplom-Politologe, M.A., ist Vorstand der Humanistischen Vereinigung und Geschäftsführer der philoscience gGmbH. Als Präsident der European Humanist Federation tritt er auch international für Meinungsfreiheit und Menschenrechte ein. Er beschäftigt sich als Publizist u. a. mit Themen der Wissenschaftsvermittlung, der Philosophie und des Humanismus. Unter seinen letzten Veröffentlichungen ist der Band „Neue Welten – Star Trek als humanistische Utopie?", der ebenfalls bei Springer erschienen ist.

Laura Deinzer studierte Theater- und Medienwissenschaft, Pädagogik sowie Theaterpädagogik in Erlangen. Nach mehreren Jahren freiberuflicher Tätigkeit in der Kulturpädagogik, war sie von 2019 bis 2021 wissenschaftspädagogische Leitung der philoscience gGmbH. Gemeinsam mit Michael C. Bauer hat sie in dieser Zeit die Sammelbände „Bessere Menschen?" und „Zwischen Wahn und Wahrheit" herausgegeben.

Autorenverzeichnis

Sebastian Bartoschek Institut für Psychologische Dienstleistungen, Herne, Deutschland

Dr. Anna Beniermann Institut für Biologie; Fachdidaktik und Lehr-/Lernforschung Biologie, Humboldt-Universität zu Berlin, Berlin, Deutschland

Dipl.-Psych. Fabian Chmielewski Praxisgemeinschaft am Weiltor – Privatpraxis für Psychotherapie, Beratung und Coaching, Hattingen, Deutschland

Dr. Katrin Götz-Votteler Friedrich-Alexander-Universität Erlangen-Nürnberg, Erlangen, Deutschland

Dr. Simone Hespers Friedrich-Alexander-Universität Erlangen-Nürnberg, Erlangen, Deutschland

Prof. Dr. Uwe Peter Kanning Hochschule Osnabrück, Osnabrück, Deutschland

Sina Klaß Institut für Psychologische Dienstleistungen, Herne, Deutschland

Dr. Claus Oberhauser Fachdidaktik Geschichte, Pädagogische Hochschule Tirol, Innsbruck, Deutschland

Dr. Jan Skudlarek Fakultät Gesundheitswissenschaften (Ethik-Dozentur), Medical School Berlin, Berlin, Deutschland

Prof. Dr. Meinald T. Thielsch Institut für Psychologie, Universität Münster, Münster, Deutschland

Dr. Ines Clara Welzenbach-Vogel Universität Koblenz-Landau, Landau, Deutschland

Sphären der Wahrheit – Ein Plädoyer für Bescheidenheit

Fabian Chmielewski

1 Einleitung

Vielleicht besteht die gefährlichste Illusion darin, ohne Illusionen zu sein, sich als nüchterner Realist wahrzunehmen, der die Welt und die Menschen aus einer objektiven Vogelperspektive betrachtet und als kritischer Geist hinter den Vorhang des menschlichen Schauspiels zu schauen vermag und sich nun als Nüchterngebliebener unter Ideologieberauschten sieht.

Menschen können dazu neigen, sich selbst als unbeeinflusst zu sehen, zugleich aber die Beeinflussbarkeit ihrer Mitmenschen zu entdecken. Dieses Phänomen nennen

---

F. Chmielewski (✉)
Praxisgemeinschaft am Weiltor – Privatpraxis für Psychotherapie, Beratung und Coaching, Hattingen, Deutschland
E-Mail: kontakt@sinnimleben.de

die Forscher Emily Pronin, Daniel Lin und Lee Ross (2002) *„bias blind spot" (Verzerrungsblindheit)* und ziehen einen Vergleich zum blinden Fleck des Auges – in diesem Bereich besitzt unser Auge keine Lichtrezeptoren. Trotzdem nehmen wir das Loch in unserer Welt-Sicht nicht wahr: Unser Gehirn ergänzt die fehlenden Informationen. Selbst auf dieser basalen Wahrnehmungsebene konstruieren wir also schon unsere Wirklichkeit, stopfen selbst das Loch in unserer Wahrnehmung. Wir vermeinen die vollständige Realität „mit eigenen Augen" zu sehen und bemerken unseren Selbstbetrug nicht.

Der blinde Fleck des Auges ist mit bewusster Anstrengung zu bemerken. Schließen Sie dazu das linke Auge und blicken Sie mit dem rechten auf das O – das X nehmen sie im Gesichtsfeld weiter wahr. Wenn Sie nun den Abstand zum Blatt verändern, verschwindet das X bei einem bestimmten Abstand.

O   X

Menschen bemühen sich normalerweise nicht so sehr, sich die blinden Flecken ihrer Welt-Anschauungen bewusstzumachen. Der Splitter im Auge der Mitmenschen fällt da leichter auf, dessen ideologische Beeinflusstheit, dessen eingeschränktes Gesichtsfeld. Nehmen Menschen sich auf diese Weise weitsichtiger und ihren Mitmenschen überlegen wahr, lassen sich schwerlich Gespräche auf Augenhöhe führen. Dabei gibt es aktuell so viel zu besprechen: Gesellschaftliche Krisen wie die Coronapandemie, die Klimakrise und eine Krise der Demokratie, der offenen Gesellschaft an sich, werfen dringend zu beantwortende Fragen auf. Ausgerechnet bei diesen Themen scheint es aber bisweilen besonders schwer zu sein, sich auf grundlegende Wahrheiten zu einigen. Aber (wie) ist eine Einigung hier möglich? Gibt es überhaupt so etwas wie Wahrheit und kann der Mensch sie erfassen?

Einer der schärfsten Kritiker der menschlichen Erkenntnisfähigkeit war Friedrich Nietzsche: *„In irgendeinem abgelegenen Winkel des in zahllosen Sonnensystemen flimmernd ausgegossenen Weltalls gab es einmal ein Gestirn, auf dem kluge Thiere das Erkennen erfanden. Es war die hochmüthigste und verlogenste Minute der ‚Weltgeschichte'"* (Nietzsche, 2015 [1896], S. 9). Nietzsche prophezeite, dass wir *„ewig zur Unwahrheit verdammt seien"* (Nietzsche, 2015 [1896], S. 34) und die Menschen kurz vor ihrem Aussterben erkennen würden, *„daß sie alles falsch erkannt hatten. Sie starben und fluchten im Sterben der Wahrheit"* (Nietzsche, 2015 [1896], S. 34).

Diese pessimistische Sichtweise stellt eine der beiden gegensätzlichen extremen Antworten zu der Frage dar, ob wir Menschen überhaupt fähig sind, Wahrheit zu erkennen. Sie besagt, dass wir – wie Faust es verzweifelt ausruft – *„nichts wissen können"*.

Die andere extreme Position postuliert, dass wir prinzipiell in der Lage sind, die vollständige Wahrheit über das, *„was die Welt im Innersten zusammenhält"* zu erkennen, insbesondere auf dem Weg der wissenschaftlichen Forschung.

Der folgende Text plädiert für ein beherztes *„Jein"* als Antwort auf die Gretchenfrage der Wahrheit. Auf der einen Seite sind wir als Menschen tatsächlich stark begrenzt in unserem Vermögen, die wirkliche Wahrheit – das *„Ding an sich"* – zu erkennen und neigen dazu, uns viele „Wahrheiten" selbst zu konstruieren. Auf der anderen Seite hat uns unsere Vernunft und die Wissenschaft *„bis an die Sterne weit"* getragen und uns viele Erkenntnisse über *„das Leben, das Universum und den ganzen Rest"* gebracht. Ein entschiedenes „Jein" ermöglicht vielleicht am ehesten einen „Friedensschluss" über die Wahrheit – wie es Nietzsche (2015 [1896], S. 11) nennt – eine Übereinkunft über das, was wir als Gesellschaft für wahr halten wollen. Dieser Friedensschluss könnte die notwendigen Gespräche gerade in Krisenzeiten erleichtern. Dazu müssen wir uns *beides* zugestehen: dass auf der einen Seite viele unserer Wahrheiten *"Illusionen [sind], von denen man vergessen hat, daß sie welche sind"*, wie es Nietzsche (2015 [1896], S. 15) meint, auf der anderen Seite aber eine Annäherung an die Tatsachenwahrheit durch den wissenschaftlichen Zugang möglich ist.

2   Ist die Wahrheit zu viel für uns?

Handelt es sich nur um ein Lippenbekenntnis, wenn wir sagen, dass uns die Wahrheit wichtig ist? Ist vielleicht das *"Ding an sich"* – die nackte, vollständige Wahrheit über die Welt – zu viel für uns?

Begrenzte Wahrnehmung Der Anthropologe Ernest Becker (1976) ist der Ansicht, dass der Mensch nur einen begrenzten *"Happen ‚Realität' (…) abbeißen kann"* (S. 235). Eine unendliche Fülle an Informationen steht unserem begrenzten Denk- und Wahrnehmungsapparat gegenüber. Es gibt niemanden, der *"das menschliche Getriebe in all seinen Ausbreitungen überschauen"* könnte (Freud, 2007 [1927], S. 109). *"Für die meisten ist Beschränkung auf ein einzelnes oder wenige Gebiete notwendig geworden"* (Freud, 2007 [1927], S. 109). Als nächstes stellt sich die Frage: Stehen uns überhaupt die notwendigen Rezeptoren für eine vollständige Aufnahme der Welt zur Verfügung? Auf vielen Ebenen tun sich Kluften auf zwischen uns und dem *"Ding an sich"*. Unsere Sinnesorgane können nur einen begrenzten Bereich von Schall- und Lichtinformationen aufnehmen. Wie viel Information gelangt durch die Welt-Hirn-Schranke?

Die Begrenztheit der Sprache Um unsere Wahrheit zu verkünden oder festzuhalten, müssen wir meist die Sprache bemühen. Dadurch kann die Wirklichkeit zusätzlich eingeengt und verfälscht werden. Hannah Arendt (2019) war beispielsweise der Ansicht, dass wir bei der Versprachlichung den Fakten zwangsläufig menschliche Sinnkonstruktionen hinzufügen: *„Wer es unternimmt zu sagen, was ist [...], kann nicht umhin, eine Geschichte zu erzählen, und in dieser Geschichte verlieren die Fakten bereits ihre ursprüngliche Beliebigkeit und erlangen eine Bedeutung, die menschlich sinnvoll ist"* (S. 89).

Unangenehme Wahrheiten Auch können wir nicht jeden Geschmack der Welt ohne Weiteres vertragen: Die Wahrheit, die wir von der Existenz serviert bekommen, schmeckt bisweilen bitter. Wir bekommen eine chaotische Welt vorgesetzt, in der Zufall und Beliebigkeit eine größere Rolle spielen als unserem Kontrollbedürfnis lieb ist; eine Welt, die uns keinen klaren Sinn präsentiert; zudem haben wir es mit einer Welt voller Widersprüche und Mehrdeutigkeiten zu tun, die unsere Wünsche nach Eindeutigkeit und Ordnung frustrieren. Nicht zuletzt ist die sicherste Wahrheit am schwersten auszuhalten: Über kurz oder lang werden wir alle sterben (vgl. Becker, 1973; Solomon et al., 2016). Die Welt bietet uns weniger Halt und weniger Orientierung als wir eigentlich brauchen. Die Wahrheit kann ein unbequemer Ort sein, der wenig Heimatgefühl bietet.

Sweet little lies Um es uns bequemer und heimischer zu machen, konstruieren wir uns neue eigene Wahrheiten. Wir bereiten uns süßer schmeckende, mundgerechte Portionen der Welt zu, die uns unsere existenziellen Bedürfnisse (vgl. Chmielewski, 2018) besser befriedigen können. Wir bauen uns als *„gewaltiges Baugenie"* (Nietzsche, 2015 [1896], S. 16) eine eindeutigere, weniger chaotische Welt, die einen Sinn und in der unser Leben eine Bedeutung hat (Becker, 1962). Am sichersten wirken solche Konstruktionen, wenn uns scheint, dass wir sie vor- und nicht etwa er-finden (Watzlawick, 1997). In dieser Denkrichtung sind *„Wahrheiten […] Illusionen, von denen man vergessen hat, daß sie welche sind"* (Nietzsche, 2015 [1896], S. 15). Vielleicht brauchen wir diesen Selbstbetrug, um in einem unwirtlichen Universum bestehen zu können. So fragt sich auch Nietzsche zum Menschen: *„Lebt er nicht eigentlich d u r c h ein fortwährendes Getäuschtwerden"?* (Nietzsche, 2015 [1896], S. 34). In *„der Gleichgültigkeit seines Nichtswissens"* ruhe der Mensch so *„gleichsam auf dem Rücken eines Tigers in Träumen hängend"* (Nietzsche, 2015 [1896], S. 34).

3 Sphären der Wahrheit

Paradoxerweise nehmen wir von der Welt zugleich zu wenig *und* zu viel wahr: Wenn man so will, haben wir mehrere Wahrheits-Organe, mit denen wir versuchen, uns einen Reim auf die Welt zu machen. Unsere verschiedenen Systeme können parallel laufen, uns ähnliches über die Welt und uns selbst mitteilen – ihre Erkenntnisse können sich aber auch widersprechen. Die verschiedenen Organe der Wahrheit führen dazu, dass wir die Welt nicht nur auf eine Weise erleben, dass wir nicht nur in einer Wahrheit beheimatet sind: Wir leben zwangsläufig in unterschiedlichen Sphären der Wahrheit. Mehrere Wahrheiten wohnen in der Brust eines Menschen.

3.1 Sphäre der gefühlten Wahrheit

Das verkürzte Motto dieser Sphäre der Wahrheit ist: *Es ist wahr, weil es sich wahr anfühlt.* Unsere Gefühle haben sich im Lauf der Evolution als wichtige Signalgeber entwickelt, die uns schnell mitteilen können, von welchen Dingen, Menschen und Orten wir uns im Dienst unseres evolutionären Erfolgs fernhalten und welche wir aufsuchen sollten. Unsere Gefühle haben uns im Lauf der Evolution oft „die Wahrheit" gesagt – jedenfalls oft genug, dass wir überlebt haben. Nietzsche redet von einer nicht zu unterschätzenden Vernunft des Leibes (1999a [1883], S. 565). Unser schnelles Bauchgefühl kann aber auch in manchen Situationen ein sehr schlechter Wahrheitssensor sein. Gefühle können zu einer emotionalen Beweisführung bei der Wahrheitsfindung führen: *Ich fühle, also weiß ich.* Gefühle machen einen zentralen Teil unserer Erlebenswelt aus, aber sie sind keine Logiker.

Wenn wir ausschließlich auf unser Bauchgefühl als Organ der Wahrheit hören, besteht die Gefahr, dass wir uns stärker zu Wahrheiten hingezogen fühlen, die sich unmittelbar gut anfühlen, und solche meiden, die unbekannt oder unangenehm sind – Nietzsche meinte, wir begehren nur die *„angenehmen, Leben erhaltenden Folgen der Wahrheit"* (Nietzsche, 2015 [1896], S. 12), gegen die *„schädlichen und zerstörenden Wahrheiten"* können wir *„sogar feindlich gestimmt"* sein (Nietzsche, 2015 [1896], S. 12). Bedürfniswünsche wählen somit aus, welche Wahrheiten wir anerkennen und welche nicht.

Beispielsweise wirkt in Menschen ein Bedürfnis nach Bedeutsamkeit: *„Der Mensch will wissen, dass sein Leben irgendwie gezählt hat, wenn nicht für sich selbst, dann zumindest in einem größeren Zusammenhang, dass es eine Spur hinterlassen hat, eine Spur, die Bedeutung hat"*

(Becker, 1975, S. 4; Übers. d. Autor). Wir sind so stets in der Versuchung, uns eher an Wahrheiten festzuhalten, die Bedeutsamkeit vermitteln. Dieses Bedürfnis können wir z. B. stillen, wenn wir aus der Masse herausstechen. Stellen wir uns vor, dass ein Wissenschaftler eine Auffassung über eine Krankheit verkündet, die nicht mit dem wissenschaftlichen Konsens übereinstimmt: Dieses Herausstechen aus der Masse kann bei ihm das angenehme Gefühl kreieren, ein unerschrockener Held zu sein, der unbequeme Wahrheiten ausspricht, ein Leitwolf oder schlauer Fuchs unter schlafenden Schafen (vgl. Aufterbeck, 2019). Vielleicht wird dieser Wissenschaftler auch in Talkshows eingeladen und verkauft viele Bücher. Stellen wir uns nun vor, wie feindlich gestimmt dieser Mensch gegen Fakten werden könnte, die diese *angenehmen, Leben erhaltenden Folgen der Wahrheit* gefährden würden. Der Wunsch nach Bedürfniserfüllung könnte in so einem Fall den Erkenntniswillen übertrumpfen.

Menschen tragen außerdem ein Bedürfnis nach Kohärenz in sich. Wir mögen es nicht, wenn Dinge zufällig, beliebig und unkontrollierbar erscheinen – dann müssten wir ja unsere eigene stetige Gefährdung einsehen. So neigen wir dazu, rote Fäden zu weben, die Ereignisse miteinander verbinden. Wir können z. B. dem „Gerechte-Welt-Glauben" anhängen (Lerner, 1980) und uns einen Reim auf die Welt machen, der lautet: *„Alles Gute findet endlich seinen Lohn, alles Böse seine Strafe"* (Freud, 2007 [1927], S. 123). Wenn in einer solchen gerechten Welt jemandem etwas Schlimmes zustößt, muss er irgendwie selbst daran schuld gewesen sein. Das Bedürfnis nach Kohärenz wird auch befriedigt, wenn man hinter aversiven Ereignissen das Wirken böser weltumspannender Mächte vermutet. Selbst eine Erzählung über eine böse Elite, die uns wie Marionetten manipuliert, kann sich für unser Kohärenzbedürfnis stimmiger und richtiger anfühlen, wäre eher eine „*angenehme, Leben erhaltende Folge der Wahrheit*" als eine (wahre) Geschichte, die von Beliebigkeit und Zufall erzählt: Auch ein Netz aus Intrigen kann ein Netz sein, das uns vor dem freien Fall in den existenziellen Abgrund bewahren kann.

3.2   Sphäre des Verstandes

Das Motto dieser Sphäre ist: „*Es ist wahr, weil es logisch ist*". Arendt (2019) nennt die Vernunft „*das Organ für das Vernehmen der Wahrheit*" (S. 60). Mit der Vernunft scheint am ehesten eine Annäherung möglich an die „*absolute Wahrheit, die von den Meinungen der Menschen unabhängig*" ist (Arendt, 2019, S. 51). Das „*Tageslicht der Vernunft*" (Nietzsche, 1999b [1889], S. 335) hilft uns, die Dunkelheit unseres Unwissens aufzuklären. Leider ist auch unsere Vernunft anfällig für Verzerrungen aller Art: „*Lügen erscheinen dem Verstand häufig viel einleuchtender und anziehender als die Wirklichkeit*" (Arendt, 2019, S. 10). Was unserem Verstand logisch vorkommt, ist nicht auch zwangsläufig wissenschaftlich korrekt: Wahrheit widerspricht bisweilen der Intuition. Auch unser kognitives System hat sich im Lauf der Evolution nach dem Gütekriterium der Funktionalität, des Überlebenserfolgs gebildet – nicht um der Wahrheitstreue als Selbstzweck Genüge zu tun. Unser gesunder Menschenverstand ist deshalb nicht gleichzusetzen mit objektiver Erkenntnis. Wir sind gut darin, Dinge schnell in Schubladen einzusortieren. Leider glauben wir dann hinterher am liebsten Dinge, die in diese einmal gefertigten Schubladen passen. Der Wunsch, gefestigte Überzeugungen aufrechtzuerhalten, ist oft größer als die Bereitschaft, Überzeugungen an neue Erkenntnisse anzupassen. Der Gestalttherapeut Fritz Perls schreibt dazu: „*Unser bewusstes Empfinden ist gewöhnlich nicht ‚richtig', sondern selbstgerecht",* deswegen akzeptieren wir *„selten eine Ansicht, die der eigenen Überzeugung zuwiderläuft, das kann man leicht bei jeder Diskussion beobachten"* (Perls, 1995, S. 135).

In der Welt der internationalen Wissenschaft wird unsere Vernunft wohl am besten diszipliniert, gerät am wenigsten von ihrem aufklärerischen Weg ab: Durch Kontrollmechanismen wie die Prüfung von Erkenntnissen durch andere Fachleute in Peer-Review-Prozessen, wird man auf mögliche blinde Flecken und Fehler hingewiesen. Einflüsse aus anderen Sphären der Wahrheit können so minimiert werden. Aber auch der Weg der seriösen Wissenschaft kann nur eine Annäherung an die Tatsachenwahrheit darstellen: Wir müssen auch bezüglich der wissenschaftlichen Erkenntnismöglichkeiten bescheiden und vorsichtig bleiben. Es gibt immer die Möglichkeit, dass neuere Forschung den aktuellen Erkenntnisstand obsolet machen kann, wenn auch meist durch *„Entwicklung, Fortschritt und nicht Umsturz"* (Freud, 2007 [1927], S. 157). So kann durch Wissenschaft errungenes Wissen immer nur als vorläufig und nicht als ewig angesehen werden. Nach Popper (2009) handelt es sich so auch bei wissenschaftlichen Erkenntnissen nur um *„Vermutungswissen"* (S. 49).

3.3 Sphäre der Religion

Das Motto dieser Wahrheitssphäre lautet verkürzt: *„Es ist wahr, weil es ewig ist"* – In der biblischen Überlieferung sagt Jesus zu Pontius Pilatus: *„Ich bin dazu geboren und dazu in die Welt gekommen, dass ich für die Wahrheit Zeugnis ablege. Jeder, der aus der Wahrheit ist, hört auf meine Stimme."* Worauf Pilatus erwidert: *„Was ist Wahrheit?"* Diese Frage macht ihn für Nietzsche zur sympathischsten Figur des Neuen Testaments, die den „*unverschämte[n] Missbrauch mit dem Wort ‚Wahrheit'*" verhöhne (Nietzsche, 1999e [1895], S. 525). Tatsächlich behauptet jede Religion, Wahrheiten zu verkünden. Religionen enthalten ein mehr oder weniger zusammenhängendes Narrativ, das uns eine bestimmte Art der Weltanschauung bietet und daraus Werte und Verhaltensregeln ableitet. Diese Erklärsysteme funktionieren als Bedürfniserfüller: Sie bringen wohltuende Ordnung in eine chaotische Welt und bieten durch Einteilungen in richtig und falsch eindeutige Orientierungen und Halt. Sie erklären das Unerklärbare. Sie schaffen Zugehörigkeit mit anderen Gläubigen. Sie bieten zudem Möglichkeiten an, unsere Todesangst zu lindern, indem sie uns ein Weiterleben in irgendeiner Form versprechen (vgl. Becker, 1973): Zudem ist für viele Menschen bewusst gelebte Religiosität verbunden mit einer „*Empfindung der ‚Ewigkeit'; ein[em] Gefühl wie von etwas Unbegrenztem, Schrankenlosem, gleichsam ‚Ozeanischen'*" (Freud, 2018 [1930], S. 31).

Als „Religionen" lassen sich aber nicht nur bewusst religiös erlebte, sondern letztlich alle Weltordnungssysteme verstehen (Becker, 1973; Brown, 1985). Kaum ist Gott tot, können andere Götzen an seine Stelle treten. Ehemals metaphysische Heilsversprechen werden durch weltliche ersetzt. Nach Becker (1973) stellt „*jedwede Gesellschaft, ob sie es will oder nicht, auch eine Form der Religion dar*" (S. 29). Er ist der Ansicht, dass jede Kultur ihr eigenes Heldensystem hat, das den Menschen Sinn vermittelt und ihnen ermöglicht, sich in den jeweiligen Heldenrollen bedeutsam zu fühlen. Dabei sei es „*irrelevant, ob nun das kulturelle Heldensystem als magisch, religiös und primitiv oder als weltlich, wissenschaftlich und zivilisiert auftritt*" – „*alles, was der Mensch unternimmt, [ist] religiös und heroisch*" (S. 25). Dies gelte für Systeme wie den Kommunismus genauso wie für den Kapitalismus, in dem nach Nietzsche „*Angebot und Nachfrage [...] zum Charakter einer ganzen Kultur gemacht*" (Nietzsche, 1881) werden. Wir sind hier die Gläubigen des Propheten Adam Smith, der verspricht, dass die „*unsichtbare Hand*" des freien Spiels von Angebot und Nachfrage die Welt zu einem besseren Ort macht. An die Stelle religiöser Propheten treten dann die „*Propheten der handeltreibenden Classe*" (Nietzsche, 1881). Auch Verschwörungserzählungen berichten letztlich von bösen Göttern: von übermächtigen Weltverschwörern, die das Schicksal der Welt steuern. Sie treten aktuell mit den etablierten Religionen in Konkurrenz, weil sie den menschlichen Hunger nach Kohärenz, Orientierung, Bedeutsamkeit und Zugehörigkeit (Schnell, 2016) – kurz: nach Sinn – noch besser befriedigen können. Wie religiöses Fast Food, das uns schnell mit einem Gefühl der Gewissheit sättigt.

Wir haben es mit einer Illusion zu tun, wenn wir denken, ohne jede Religion zu sein. Schon Freud (2007 [1927]) erkannte dies: „*Wenn wir die religiösen Lehren als Illusionen erkannt haben, erhebt sich sofort die weitere Frage, ob nicht auch anderer Kulturbesitz, den wir hochhalten und von dem wir unser Leben beherrschen lassen, ähnlicher Natur ist.*" (S. 136). In diesem Sinn können wir alle Ideologien, Weltanschauungen als Religion bezeichnen. Alle diese Religionen müssen sich die Frage nach der Letztgültigkeit ihrer Werte gefallen lassen. Warum sollen ausgerechnet die von ihnen vertretenen Werte und Verhaltensregeln ewig und richtig sein? Diese Fragen bringen den Religiösen in eine ungünstige Rechtfertigungsposition, aus der er nur entkommt – so Nietzsche – indem er sich „*mit einer mehr als Münchhausenschen Verwegenheit selbst aus dem Sumpf des Nichts an den Haaren ins Dasein*" zieht (Nietzsche, 1999c [1886], S. 21). Als Beispiel für einen solchen verwegenen Rechtfertigungsversuch nennt Freud

(2007 [1927], S. 129) die Begründung, dass diese Systeme Glauben verdienen, *„weil schon unsere Urväter sie geglaubt haben"* oder es sei *„überhaupt verboten, die Frage nach dieser Beglaubigung aufzuwerfen"* (Freud, 2007 [1927], S. 129). Nietzsche bezeichnet solche Winkelzüge als *„eine Art logischer Notzucht und Unnatur"* (Nietzsche, 1999c [1886], S. 25). Vielleicht wäre die ehrlichste Antwort auf die Frage nach der Letztgültigkeit unserer Werte: *„Es ist für mich wahr und ewig, weil es sich für mich wahr und ewig anfühlt (und das reicht mir)"*.

Ob wir nun bewusst oder unbewusst religiös sind: Unsere Religion ist uns wichtig, von allen Sphären der Wahrheit kann sie uns am meisten Halt, Orientierung und Sicherheit geben. Freud (2007 [1927]) erklärt sich Illusionen mit der Wichtigkeit der zugrundeliegenden existenziellen Bedürfnisse: *„das Geheimnis ihrer Stärke ist die Stärke dieser Wünsche"* (S. 133).

Für unsere Religion sind wir oft bereit, auch die wissenschaftliche Wahrheit zu opfern. Der Forscher Dan Kahan (2015) stellt in seinen Untersuchungen Fälle fest, in denen unsere Weltanschauungen das Wahrheitsempfinden stärker steuern als Fakten. Er stellt fest, dass bestimmte Themen – z. B. der Klimawandel – stark mit sozialen Bedeutungen kontaminiert sind. Die jeweilige Weltanschauung gibt bei diesen Themen besonders stark vor, was „Gläubige" für wahr halten sollen. Amerikanische Demokraten halten den Klimawandel z. B. für signifikant gefährlicher als Republikaner. Diese Effekte sind unabhängig vom Bildungsniveau. Kahan weist nach, dass in solchen Fällen die Vernunft oft zum Steigbügelhalter der Ideologie wird. Er nennt das *„motivated reasoning":* wir nutzen unseren Verstand dann nur noch, um schlau die Werte unserer Ideologie zu rechtfertigen – statt dazu, die wissenschaftlichen Fakten kühl zu prüfen.

3.4 Sphäre der künstlerischen Wahrheit

Ein Motto dieser Sphäre zu finden, gestaltet sich schwierig. Gerade diese Sphäre entzieht sich der Eindeutigkeit, vielleicht macht genau das ihren Reiz aus: *„Es ist wahrhaftig, weil es mehrdeutig ist"* könnte sich als Motto anbieten (vgl. Bernstein, 1973). Ebenso gültig könnten *„es ist wahr, weil es schön ist"* oder *„es ist wahr, weil es mich berührt"* sein. In dieser Sphäre geht es nicht so sehr darum, wie die äußere Welt *wirklich* aufgebaut ist, sondern wie wir sie im Inneren *erleben*. Mit der Kunst können wir Wahrheiten über die Conditio humana ausdrücken, die wir nicht mit der Alltagssprache zu sagen imstande sind. Die Kunst *„schließt dem Menschen ein unbekanntes Reich auf, eine Welt, die nichts gemein hat mit der äußeren Sinnenwelt, die ihn umgibt und in der er alle bestimmten Gefühle zurückläßt, um sich einer unaussprechlichen Sehnsucht hinzugeben"* (Hoffmann, 1810). Auf ihre eigene Art scheint die Kunst uns Menschen einen Teil der Wahrheit über die Welt zu erschließen, der uns auf anderem Weg nicht zugänglich ist. Zumindest fühlt es sich für viele Menschen so an. Selbst der pessimistische Arthur Schopenhauer sah in der Kunst einen Weg, mit der Grausamkeit der Welt umgehen zu können: *„Dieser Zustand [...] ist reine Kontemplation, Aufgehen in der Anschauung, Verlieren ins Objekt, Vergessen aller Individualität"* (Schopenhauer, 1819a). Adorno (1988) meinte: *„Kunst ist Magie, befreit von der Lüge Wahrheit zu sein"* (S. 298). Von vielen Menschen wird Kunst als integraler Bestandteil des Menschseins gewertet. *„Ohne Musik wäre das Leben ein Irrtum"*, meint Nietzsche (1999b [1889]) – Leonard Bernstein sieht das ähnlich und meinte: Wenn wir den Punkt erreichen, dass uns diese Sphäre irrelevant erscheint, *„...we can all shut up and go back to our caves"* (1973).

3.5 Sphäre der gesellschaftlichen Wahrheit

Das Motto dieser Sphäre lautet: *Etwas ist wahr, weil es viele andere sagen.* Es gibt so etwas wie einen Hauptstrom der Wahrheit, der jede Kultur durchfließt und den beteiligten Individuen mal mehr, mal weniger bewusst ist: *„Jede Gesellschaft hat ihre eigene Ordnung der Wahrheit, ihre „Allgemeine Politik" der Wahrheit [...]"* (Foucault, 1978, S. 51). Diese gesellschaftlichen *„Diskurse"* (Foucault, 1991) einer Gesellschaft erzeugen einen Zugzwang auch zu glauben, was man so glaubt. Das Individuum gewinnt den Eindruck, dass es nur *„im Wahren ist [...], wenn man den Regeln einer diskursiven ‚Polizei' gehorcht"* (Foucault, 1991, S. 25). Innerhalb dieser Sphäre sind wir gegenseitig unsere *„Normalitätsrichter"*, wie es Foucault nennt (1976, S. 393). Gleichzeitig wird ein Deutungsrahmen gebildet, innerhalb dessen annehmbare „Wahrheiten" überhaupt möglich scheinen und gesucht werden können. In den Strom der gesellschaftlichen Meinung fließen *„Kenntnisse, philosophische Ideen und Alltagsansichten einer Gesellschaft, aber auch ihre Institutionen, die Geschäfts- und Polizeipraktiken oder die Sitten und Gebräuche"* ein (Foucault, 1978, S. 51).

Der Deutungsrahmen des Hauptstroms kann eine Orientierungshilfe darstellen, eine sichere Basis, von der aus Menschen dann eigenverantwortlich ihre Erkundung und Mitgestaltung der Welt starten können. Die Schattenseite dieser gesellschaftlichen Wahrheit besteht darin, dass wir zu sehr mit ihr verschmelzen können: *„Bei vielen Menschen ist es bereits eine Unverschämtheit, wenn sie Ich sagen"*, poltert Adorno (1988, S. 57) in diesem Zusammenhang. Diese Verschmelzung wird problematisch, wenn bestimmte gesellschaftliche Werte nicht (mehr) zu den Bedürfnissen und Werten eines Individuums passen oder weil Teile des tradierten Wissens falsch sein können: Auch problematische Strukturen und Irrtümer können lange bestehen. Die Anpassung an ein schlechtes System, z. B. an eine menschenverachtende Diktatur, ist dann eben nicht gesund – der Psychologe Maslow meint: *„To be adjusted to stinkers is to be a stinker yourself"* (1961, S. 5). Die Mehrheitsmeinung eignet sich keinesfalls alleinstehend als Wahrheitsorgan. Ein eigenverantwortliches Individuum muss sich wohl oder übel die Mühe machen, zwischendurch die ihm angebotenen Werte zu prüfen und ihre Nebenwirkungen zu erkennen, damit es sich nicht in einem bequemen Gefängnis einrichtet.

4 Conclusio

Ein „Jein" als Antwort auf die Frage nach der Wahrheit birgt drei Chancen:

1. **Wahrheitstoleranz:** Wenn wir akzeptieren, dass viele unserer Wahrheiten tatsächlich Illusionen sind, können wir anderen Menschen mit ihren Wahrheitskonzepten toleranter gegenübertreten.
2. **Friedensschluss:** Wenn wir akzeptieren, dass wir uns der Wahrheit zumindest annähern können, können wir uns gesellschaftlich auf einen Friedensschluss einigen, was das Zusammenleben und das Treffen wichtiger Entscheidungen, gerade in Krisensituationen, ermöglicht.
3. **Selbstbestimmter Umgang mit unserer inneren Widersprüchlichkeit:** Wenn wir akzeptieren, dass wir Menschen in mehreren Sphären der Wahrheiten leben, können wir beginnen, die Mehrdeutigkeit unseres eigenen Lebens wertzuschätzen und selbstbestimmter mit unseren unterschiedlichen Wahrheiten umgehen.

4.1 Wahrheitstoleranz

In der Einsicht, dass manche unserer Wahrheiten Illusionen sind, liegt eine Chance: Das Wissen um die Grenzen unserer Erkenntnisfähigkeit und um unsere Selbstverzauberung kann uns mit einer Demut erfüllen, die uns zurückzuhalten vermag, als zu selbst-sichere Kreuzritter mit heiligem Furor in die Wahrheitskriege der heutigen Zeit einzutreten. Diese Demut könnte zu einer größeren Toleranz von Menschen mit anderen Wahrheiten führen.

Wenn wir akzeptieren, dass wir alle wahrheitkonstruierende Wesen sind, dann sitzen wir gemeinsam im gleichen Boot, erzählen uns nur unterschiedliche Geschichten über die Bootsfahrt: *„Bei gleicher Umgebung lebt doch jeder in einer anderen Welt"* (Schopenhauer, 1819b). Wir können diese Fahrt als eine zielgerichtete Reise zu einem goldenen Hafen interpretieren, als eine spannende Odyssee dionysischer Lebenslust oder als absurde Irrfahrt auf einem Narrenschiff. Wir müssen die Konstruktionen der anderen Mitreisenden nicht richtig finden, können sie aber leichter tolerieren, weil wir uns selbst nicht hundertprozentig sicher sind: *„Let's agree to disagree"*. Wenn ich denke: *„ich will meinen Eifer ermäßigen und die Möglichkeit zugestehen, daß auch ich einer Illusion nachjage"* (Freud, 2007 [1927], S. 150), werde ich mich meinen Mitreisenden nicht so schnell überlegen fühlen und weniger das Bedürfnis verspüren, diesen den Schleier der Täuschung von den Augen zu reißen. Wir werden ihnen nicht den Mund verbieten oder sie mitsamt ihrer Wahrheit von Bord werfen wollen. Es könnte gerade der Stachel des Zweifels sein, der uns vor Intoleranz schützt: Wenn wir eine Restunsicherheit über unsere Wahrheiten pflegen, können wir der Gefahr einer fundamentalistischen Haltung entgegenwirken, bei der wir Andersgläubige als Ungläubige abwerten. Thomas Bauer spricht hier von einem *„durch Zweifel domestizierten Glauben"* (2019, S. 37).

Für die Verbesserung unserer Toleranzfähigkeit hilft es also, wenn wir ehrliche Lügner werden! Nietzsche unterscheidet zwischen der verlogenen und der ehrlichen Lüge (Nietzsche, 1999d [1886], S. 271): Wer zugibt, dass er sich auch selbst anlügt, spricht zumindest schon einmal *eine* Wahrheit aus. Ein wirklich kritischer Geist zu sein, heißt wohl vor allem *selbst*kritisch zu sein. Wir geben uns selbst und anderen gegenüber offen zu, dass wir in konstruierten Wahrheiten leben, dass wir selbst in der einen oder anderen Art religiös sind, dass auch wir Werte, die wir nicht letztgültig begründen können, als wahrhaftig empfinden und empfinden möchten; dass wir auch dazu neigen, kognitive Abkürzungen zu nehmen. Wir können uns dies alles ohne schlechtes Gewissen zugestehen, da es menschlich ist. Wir gestehen uns zu, dass wir ein von Bedeutung getragenes Leben führen möchten und im Sinn Beckers (1973) „kosmische Helden" sein wollen: *„Das Streben nach Heldentum ist natürlich, sich dazu zu bekennen aufrichtig"* (Becker, 1976, S. 24). Becker rät dazu, *„die Mauern der Verdrängung unseres Ruhmesstrebens"* (Becker, 1976, S. 27) niederzureißen. Verdrängt bleibt *„menschlicher Heroismus ein blindes Streben, in dem sich die Leute verzehren"* (Becker, 1976, S. 26) und der gerade dann zu viel Leid führen kann (vgl. Becker, 1975). Dann sollten wir lieber offen zu unserem heroischen Bedürfnis stehen, um es dann selbstbestimmt in sinnvolle Bahnen zu lenken.

Einen Test unserer Sinntoleranz stellt der Humor dar: Wenn wir unsere Konstruktionen zu ernst nehmen, sie als etwas Heiliges betrachten, wird das Lachen darüber zu einem Sakrileg. Wenn wir unsere Konstruktionen auch ironisch sehen können, nehmen wir eine Vogelperspektive zu uns selbst und unseren Bauwerken der Wahrheit ein. Ein bisschen Spaß muss sein, sonst kommt die fundamentalistische Ideologie von ganz allein.

Wir müssen im Rahmen unserer ständigen Selbstkritik immer wieder der Versuchung widerstehen, unsere Konstruktionen für ewig, sicher, endgültig zu halten. In manchen Momenten mögen wir uns eine „Welt, in der alles still und starr wäre und jedes Ding seinen letzten Platz hätte" (Becket, 1995, S. 135) wünschen, in der die Eindeutigkeit endgültig über die Mehrdeutigkeit gesiegt, in der die vollständige Gewissheit über die Ungewissheit triumphiert hat (vgl. Bauer, 2019). Aber Ungewissheit, Mehrdeutigkeit und Veränderung gehören zum menschlichen Leben, denn der *„Bereich menschlicher Angelegenheiten, in dem die Sterblichen sich gemeinhin aufhalten, ist dadurch gekennzeichnet, daß er sich in einem steten Fluß befindet, und diesem Zustand der Veränderung entsprechen die gängigen Meinungen der Menschen, die ebenfalls einem ständigen Wechsel unterworfen sind"* (Arendt, 2019, S. 50).

Eine Dosis Sokratische Bescheidenheit (*„Ich weiß, dass ich fast nichts weiß, und kaum das"*) würde uns allen von Zeit zu Zeit guttun.

4.2 Friedenschluss über die Wahrheit

Toleranz anderer Ideen über die Wahrheit ist das eine – auf der anderen Seite gilt es, gesellschaftlich handlungsfähig zu sein und gemeinsame Entscheidungen zu treffen, gerade in Krisenzeiten. Hierfür benötigen wir dann doch eine gemeinsame Sprache, um das Boot gemeinsam steuern zu können. Eine Übereinkunft über die unsere gesellschaftlichen Handlungen leitenden Wahrheiten ist nötig. Wir benötigen einen *„Friedensschluss"*

(Nietzsche, 2015 [1896], S. 11) über die Wahrheit, weil der Mensch „*gesellschaftlich und heerdenweise existiren will*", damit wenigstens „*das allergröbste bellum omnium contra omnes [Kampf aller gegen alle] aus seiner Welt verschwinde*" (Nietzsche, 2015 [1896], S. 11). Wahrheiten, auf die wir uns einigen können und, um handlungsfähig zu bleiben, auch müssen. Ein vorübergehend gültiger Wahrheitsvertrag, der keinen Ewigkeitswert beansprucht, uns aber ermöglicht, Entscheidungen in Echtzeit treffen zu können. Wir verleihen als offene Gesellschaft somit gemeinsam bestimmten Wahrheiten für den Moment die Deutungshoheit, können sie aber als Gesellschaft auch wieder zu einem späteren Zeitpunkt absetzen.

Während dieser Text geschrieben wird, hat ausgerechnet der Rapper MC Hammer mit einem viral gegangen Tweet eine eingängige Formel für diesen Friedensschluss geliefert, die aus zwei Komponenten besteht: „*It's Science + Philosophy*" (Independent, 2021): Wir benötigen wohl zwei (Kategorien von) Wahrheiten für unseren Friedensschluss – eine, die uns mitteilt was „ist" und eine, was wir tun „sollten". Was ist wissenschaftlich wahr, korrekt und möglich – und nach welchem „wahren" Werten wollen wir uns bei der Auswahl der durch die Wissenschaft bereitgestellten Handlungsmöglichkeiten richten.

4.2.1 Friedenschluss I: Primat des Intellekts

Am Anfang der Formel steht das „*Primat des Intellekts*", wie es Freud (2007 [1927], S. 155) nennt. Die in der Welt der Wissenschaft disziplinierte menschliche Vernunft kann uns hier am ehesten eine der wirklichen Wirklichkeit am nächsten kommende Annäherung bieten. Die Regeln der

Wissenschaft sind international anerkannt, wir haben es hier mit einer Weltsprache zu tun. Die Erkenntnisse der Wissenschaft sind wohl ein Gericht, das „kalt serviert" werden sollte: ohne Beimischung von Gefühlen, Ideologien, Werten. Diese Tatsachen stehen dann bei wissenschaftlicher Korrektheit *„außerhalb aller Übereinkunft und aller freiwilligen Zustimmung"* (Arendt, 2019, S. 61) – diese Wahrheit wird nicht demokratisch gewählt – sie ist. Ob sie zu unseren emotionalen oder ideologischen Wünschen passt, spielt keine Rolle: Die faktische Wahrheit besitzt kein Parteibuch. Die Akzeptanz dieser Fakten kann einen schweren Brocken darstellen, wenn sie unseren Schubladen widersprechen: Lippmann (2018) spricht hier von der *„Ermordung einer schönen Theorie durch eine Bande brutaler Fakten"* (S. 64). Bei der Kommunikation der nackten Fakten des wissenschaftlichen Konsenses kommt den Wissenschaftlern selbst, vor allem aber auch den Medien und den Journalisten eine große Verantwortung zu: Es ist wichtig, dass die Bevölkerung einer offenen Gesellschaft gut über den wissenschaftlichen Konsens, und damit über die beste menschliche Annäherung an die objektive Wahrheit, informiert ist – damit dann alle fundiert mitdiskutieren können. Für wissenschaftliche Laien ist aber nicht immer klar, welcher Experte mit Kittel und Titel den Konsens der Wissenschaft vertritt und welcher eine abseitige Einschätzung verkündet. Wenn beide Arten von Experten ohne Kommentierung gegenübergestellt werden, kann sich ein False-balance-Effekt einstellen (Koehler, 2016), der die Unwahrheit suggeriert, dass beide Positionen wissenschaftlich gleich gültig wären.

Vernünftige Unterhaltungen über die Frage, was in Anbetracht der Fakten zu tun ist, sind nur möglich, wenn der wissenschaftliche Konsens als die bestmögliche Annäherung an die faktische Wahrheit akzeptiert wird:

Denn erst diese *„Tatsacheninformation [...] inspiriert [...] das Denken und hält die Spekulation in Schranken"* (Arendt, 2019, S. 58). Wenn dieses Fundament brüchig wird, haben wir ein Problem: Das *„Tatsachenmaterial selbst anzutasten"* (Arendt, 2019, S. 58) und die *„Trennungslinie zwischen Tatsachen und Meinungen zu verwischen, ist eine der Formen der Lüge"* (Arendt 2019, S. 73) und muss als solche auch klar so benannt werden. Das Anzweifeln etablierter wissenschaftlicher Tatsachen stellt eine ernsthafte Gefahr für die Demokratie dar: Was dann *„auf dem Spiele steht, ist die faktische Wirklichkeit selbst, und dies ist in der Tat ein politisches Problem allererster Ordnung"* (Arendt, 2019, S. 55). Ohne die Anerkennung der basalen Fakten können gewinnbringende Streitgespräche nicht mehr funktionieren. Hannah Arendt vergleicht dies mit einer Gehirnwäsche, die den *„menschliche[n] Orientierungssinn im Bereich des Wirklichen, der ohne die Unterscheidung von Wahrheit und Unwahrheit nicht funktionieren kann, vernichtet"* (Arendt, 2019, S. 83). Und wenn es keinen Friedensschluss mehr gibt, was nun Faktenwahrheiten sind, wenn alles gleich-gültig ist, suche ich mir natürlich das aus, was mir am besten schmeckt, was ich kenne, was meiner Ideologie entspricht, was leichter bekömmlich ist. Und dies kann mich zu einem Opfer von Populisten machen, die auf der Klaviatur meiner Werte, Ängste und Hoffnungen zu spielen vermögen.

In diesem Sinn meint auch der Teufel in Goethes Faust:

> *„Verachte nur Vernunft und Wissenschaft,*
> *Des Menschen allerhöchste Kraft,*
> *Laß nur in Blend- und Zauberwerken*
> *Dich von dem Lügengeist bestärken,*
> *So hab' ich dich schon unbedingt"*

4.2.2 Friedensschluss II: Orientierung an Werten

Als zweiten Bestandteil der MC-Hammer-Formel haben wir *„Philosophy"*. Die faktische Wahrheit reicht noch nicht für den Friedenschluss der Wahrheit einer Gesellschaft aus. Was Wissenschaft kann, ist Möglichkeiten aufzuzeigen, was sie nicht kann, ist zu sagen, was wir tun sollten. Die Wissenschaft liefert Fakten und keine Ethik. Bloße Machbarkeit bedeutet nicht, dass wir etwas tun *sollten*. Zudem gilt es Prioritäten abzuwägen. Wir müssen die Sphäre der Religion (s. o.), der Werte betreten, um dann darüber zu sprechen, an welchen Werten wir uns bei der Auswahl der Handlungsoptionen orientieren wollen. Ein konstruktiver Streit darüber, was wir mit wissenschaftlichen Erkenntnissen anfangen, ist wichtig, weil wir es im Bereich der Werte eben in noch stärkerem Ausmaß mit menschlichen Konstruktionen zu tun haben, *„die Diskussion, der Austausch und Streit der Meinungen macht das eigentliche Wesen allen politischen Lebens aus"* (Arendt, 2019, S. 61). Wir müssen über die Werte und die Bedürfnisse, von denen wir uns leiten lassen wollen bei der Auswahl unserer Handlungen, öffentliche Diskurse führen – aber auf Basis der Fakten: *„Meinungen können sehr verschiedenen Interessen und Leidenschaften entstammen, weit voneinander abweichen und doch alle noch legitim sein, solange sie die Integrität der Tatbestände, auf die sie sich beziehen, respektieren"* (Arendt, 2019, S. 58). Der Übertritt in die ideologische Sphäre kann gar nicht klar genug kommuniziert werden: Das waren die Fakten, jetzt reden wir über Werte. An dieser Stelle erscheint es wichtig, die Illusion unserer Illusionsfreiheit fallen zu lassen und stattdessen ehrlich zu kommunizieren, welche Werte wir vertreten und warum wir aufgrund dieser bestimmte Handlungsoptionen vorziehen oder ablehnen.

Kahan (2015) spricht an dieser Stelle von einer notwendigen „Entwirrung" von Wissen und Identität. Diese offene Kommunikation über unsere konstruierten Wertsysteme stellt ein ehrliches Lügen dar. Die schlimmere Lüge an dieser Stelle wäre zu behaupten, man referiere nur die Fakten und aus diesen ergäben sich alternativlos Handlungsanweisungen. Passend hierzu schreibt Ernest Becker (1976), die ehrliche und realistische Frage sei nicht, wie wir ohne Illusionen leben können, sondern: *„Auf welcher Ebene der Illusion leben wir?"* (S. 297). Bestimmen unsere Illusionen und Ideologien über uns oder wir bewusst über sie? Sprechen wir *offen* über den Illusionscharakter unserer Wahrheitskonstrukte, haben wir eine gute Chance, dass sie uns weniger stark *unbewusst* steuern.

Auf der ethischen Ebene, die fragt, welche Werte und welche Handlungen wichtig und „richtig" sind, verfügen wir nicht über harte Daten, an denen wir uns orientieren können. Vielleicht gibt es hier aber trotzdem einen Orientierungspunkt, auf den sich aufbauen lässt, einen Minimalkonsens menschlicher Werte. Hier bietet sich die sogenannte goldene Regel an: „Behandle andere so, wie du von ihnen behandelt werden willst". Diese Regel kehrt seit fast 3000 Jahren in verschiedenen religiösen und philosophischen Texten wieder, sie scheint nicht auf eine gemeinsame Quelle zurückführbar zu sein. Natürlich muss man auch diesen Wert trotz weiter Verbreitung über lange Zeit nicht als ewig betrachten – aber zumindest als einen, der von *sehr vielen* Menschen als ewig oder zumindest richtig *betrachtet* wird. Wenn es so etwas wie eine Universalgrammatik menschlicher Werte gibt, beginnt sie wohl hier.

4.3 Selbstbestimmter Umgang mit unserer Mehrdeutigkeit

Der Friedensschluss auf Wahrheiten, auf die wir uns für das Zusammenleben in einer offenen Gesellschaft einigen können, bezieht sich einerseits auf die Sphäre der durch die Wissenschaft gezähmten Vernunft und auf der anderen Seite auf die Sphäre der Religion, innerhalb derer wir uns auf einen minimalen Wertekonsens einigen. Außerhalb dieser kleinsten gemeinsamen Nenner können wir das volle Leben in allen unseren Sphären unserer Wahrheit leben: Jede Wahrheit hat zu ihrer Zeit, in ihrer Sphäre eine Berechtigung, kommt einem Bedürfnis nach, ist Halt, Bedeutung und Heimat gebend, ist identitätsstiftend, ist wichtig.

Erst zusammen ergeben sie unsere vollständige menschliche Lebenswelt. Deswegen sollten wir auch der Idee widerstehen, uns selbst ver-eindeutigen (vgl. Bauer, 2019) und eine der Sphären in uns ausschalten zu wollen. Unsere Lebenswelt läuft dann Gefahr, karger, eingeschränkter, ärmer, eindimensionaler zu werden.

Die größte Gefahr droht uns aber vielleicht, wenn wir Wahrheitssphären in den Untergrund unserer Psyche verbannen und sie uns dort – unbewusst – stärker steuern können, als es bei bewusster Wahrnehmung dieser Sphären der Fall wäre. Gerade der Versuch, die eigene Religiosität zu leugnen, die Sphäre der eigenen „ewigen" Werte zu verdrängen, könnte hier gefährlich sein: Der Theologe Ingo Reuter meint hierzu: *„Die Geister des mythisch-religiösen Denkens lassen sich nur zeitweise austreiben und kehren, je wissenschaftlicher die Gesellschaft orientiert ist, desto bizarrer und fundamentalistischer wieder"* (Reuter, 2020, S. 99).

Um selbstbestimmt mit unseren verschiedenen Sphären der Wahrheit umgehen zu können, müssen wir allerdings noch besser darin werden, die Grenzlinien zwischen unseren Sphären zu spüren und zu kommunizieren. Wenn wir das nicht tun, kann es passieren, dass uns eine der tragischsten und gefährlichsten Rollen unserer Zeit zufällt: Die des Gefühls- oder Ideologieberauschten, der sich für einen kühlen Rationalisten hält.

Literatur

Adorno, T. W. (1988). *Minima Moralia, Reflexionen aus dem beschädigten Leben.* Suhrkamp.
Arendt, H. (2019). *Wahrheit und Lüge in der Politik – 2 Essays.* Piper.
Aufterbeck, J. (2019). *„Verrückte Welt"–Proximale Funktionen der Beschäftigung mit Verschwörungstheorien.* Universität Köln.
Bauer, T. (2019). *Die Vereindeutigung der Welt: Über den Verlust an Mehrdeutigkeit und Vielfalt.* Reclam.
Becker, E. (1962). *The birth and death of meaning.* Free Press.
Becker, E. (1973). *The denial of death.* Free Press.
Becker, E. (1975). *Escape from evil.* Free Press.
Becker, E. (1976). *Die Überwindung der Todesfurcht – Dynamik des Todes.* Walter.
Becket, S. (1995). *Theaterstücke.* Suhrkamp.
Bernstein, L. (1973). The unanswered question – Musical syntax [Video]. YouTube. https://youtu.be/r_fxB6yrDVo.
Brown, N. O. (1985). *Life against death: The psychoanalytical meaning of history.* Wesleyan University Press.
Chmielewski, F. (2018). Antworten auf die Fragen der Existenz – Ein Vorschlag zur Integration existenzieller Themen in die Schematherapie. *Verhaltenstherapie & Verhaltensmedizin, 39*(4), 421–441.
Epstein, S. (2014). *Cognitive experiential theory – An integrative theory of personality.* Oxford University Press.

Foucault, M. (1976). *Überwachen und Strafen, Die Geburt des Gefängnisses.* Suhrkamp.
Foucault, M. (1978). *Dispositive der Macht: Über Sexualität, Wissen und Wahrheit.* Merve.
Foucault, M. (1991). *Die Ordnung des Diskurses.* Fischer.
Foucault, M. (2015). *Die Sorge um sich, Sexualität und Wahrheit* (Bd. 3). Suhrkamp.
Freud, S. (2007). Die Zukunft einer Illusion. In: *Massenpsychologie und Ich-Analyse, Die Zukunft einer Illusion.* Fischer (Erstveröffentlichung 1927).
Freud, S. (2018). *Das Unbehagen in der Kultur – Und andere kulturtheoretische Schriften.* Fischer (Erstveröffentlichung 1930).
Hoffmann, E. T. A. (1810). Rezension der 5. Symphonie von Ludwig van Beethoven. *Allgemeine musikalische Zeitung, 12*(40), 630–642.
Independent. (2021). MC Hammer's philosophical tweet goes viral and sparks memes. https://www.independent.co.uk/arts-entertainment/music/news/mc-hammer-philosophy-science-tweet-b1806168.html
Kahan, D. M. (2015). What is the 'science of science communication'? *Journal of Science Communication, 14*(3), 1–10.
Kahnemann, D. (2012). *Schnelles Denken, langsames Denken.* Siedler.
Koehler, D. J. (2016). Can journalistic "false balance" distort public perception of consensus in expert opinion? *Journal of Experimental Psychology: Applied, 22*(1), 24–38.
Lerner, M. J. (1980). *The belief in a just world.* Springer.
Lippmann, W. (2018). *Die öffentliche Meinung: Wie sie entsteht und manipuliert wird.* Westend.
Maslow, A. H. (1961). Eupsychia – The good society. *Journal of Humanistic Psychology, 1*(2), 1–11. https://doi.org/10.1177/002216786100100202
Nietzsche, F. (1881) Morgenröte. Gedanken über die moralischen Vorurteile. Drittes Buch [Projekt Gutenberg]. https://www.projekt-gutenberg.org/nietzsch/morgenrt/morgen03.html.

Nietzsche, F. (1999a). *Also sprach Zarathustra*. In: Werke, Erster Teil (S. 545–778). Zweitausendeins (Erstveröffentlichung 1883).

Nietzsche, F. (1999b). *Götzen-Dämmerung oder Wie man mit dem Hammer philosophiert, Zweiter Teil* (S. 323–397). In: Werke. Zweitausendeins (Erstveröffentlichung 1889).

Nietzsche, F. (1999c). *Jenseits von Gut und Böse. Vorspiel einer Philosophie der Zukunft.* In: Werke, Zweiter Teil (S. 9–173). Zweitausendeins (Erstveröffentlichung 1886).

Nietzsche, F. (1999d). *Zur Genealogie der Moral*. In: Werke, Zweiter Teil (S. 175–288). Zweitausendeins (Erstveröffentlichung 1886).

Nietzsche, F. (1999e). *Der Antichrist – Fluch auf das Christentum.* In Werke, Zweiter Teil (S. 483–545). Zweitausendeins (Erstveröffentlichung 1895).

Nietzsche, F. (2015). *Über Wahrheit und Lüge im außermoralischen Sinne.* Reclam (Erstveröffentlichung 1896).

Perls, F. S. (1995). *Das Ich, der Hunger und die Aggression. Die Anfänge der Gestalttherapie.* dtv

Popper, K. R. (2009). *Auf der Suche nach einer besseren Welt – Vorträge und Aufsätze aus dreißig Jahren.* Piper.

Pronin, E., Lin, D. Y., & Ross, L. (2002). The bias blind spot: Perceptions of bias in self versus others. *Personality and Social Psychology Bulletin, 28*(3), 369–381.

Reuter, I. (2020). *Ansteckung: Das Fremde in viralen Zeiten.* Königshausen und Neumann.

Schnell, T. (2016). *Psychologie des Lebenssinns.* Springer.

Schopenhauer, A. (1819a). Die Welt als Wille und Vorstellung. Band I [Projekt Gutenberg]. https://www.projekt-gutenberg.org/schopenh/weltwill/chap039.html.

Schopenhauer, A. (1819b). Die Welt als Wille und Vorstellung. Band I [Projekt Gutenberg]. https://www.projekt-gutenberg.org/schopenh/aphorism/chap003.html.

Solomon, S., Greenberg, J., & Pyszczynski, T. (2016). *Der Wurm in unserem Herzen.* DVA.

Watzlawick, P. (1997). *Die erfundene Wirklichkeit – Wie wissen wir, was wir zu wissen glauben? Beiträge zum Konstruktivismus.* Piper.

Dipl.-Psych. Fabian Chmielewski ist als Psychologischer Psychotherapeut in der Praxisgemeinschaft am Weiltor in Hattingen niedergelassen. Als Supervisor unterstützt er die Ausbildung angehender Psychotherapeuten.

Er ist Autor von Fachbeiträgen zur Selbstwerttherapie und zu existenziellen Fragestellungen in der Psychotherapie. Als Co-Autor hat er einen Patientenratgeber zum Thema Selbstwert verfasst („Ganz viel Wert", Beltz-Verlag), bald erscheint im selben Verlag ein Manual für Therapeuten. Als Dozent gibt er Seminare und Workshops auf Kongressen und an Aus- und Fortbildungsinstituten zum Umgang mit Sinnfragen in der Psychotherapie (sinnimleben.de) und zur Behandlung von Selbstwertproblemen (selbstwerttherapie.de).

Mythen der Alltagspsychologie – Was Menschen über Forschungsergebnisse der Psychologie zu wissen glauben

Uwe Peter Kanning und Meinald T. Thielsch

Als vor mehr als 140 Jahren Wilhelm Wundt an der Universität Leipzig das weltweit erste psychologische Forschungslabor gründete, war dies so etwas wie die Geburtsstunde einer neuen Wissenschaft. Die moderne akademische Psychologie wollte sich loslösen von ihren philosophischen Wurzeln. Sie wollte das menschliche Verhalten und Erleben nach dem Vorbild der Naturwissenschaften erforschen. Fortan sollte der Grundsatz der empirischen Forschung gelten: Theorien müssen sich

---

U. P. Kanning (✉)
Hochschule Osnabrück, Osnabrück, Deutschland
E-Mail: u.kanning@hs-osnabrueck.de

M. T. Thielsch
Institut für Psychologie, Universität Münster, Münster, Deutschland
E-Mail: thielsch@wwu.de

© Der/die Autor(en), exklusiv lizenziert durch Springer-Verlag GmbH, DE, ein Teil von Springer Nature 2021
M. C. Bauer und L. Deinzer (Hrsg.), *Zwischen Wahn und Wahrheit*,
https://doi.org/10.1007/978-3-662-63641-1_2

in empirischen Studien bewähren. Unabhängige, evidenzbasierte Forschung trägt dazu bei, sich vor der Subjektivität der Forscher*innen zu schützen, um auf diesem Weg zu möglichst belastbaren Erkenntnissen zu gelangen.

Dieser Tradition folgend erscheinen heute pro Jahr weltweit mehr als 120.000[1] wissenschaftliche Publikationen in der Psychologie. Bei Weitem nicht alle von ihnen tragen dauerhaft oder gar tiefgreifend zu einem besseren Verständnis menschlichen Verhaltens und Erlebens bei. Dennoch haben im Lauf der Jahrzehnte viele Hypothesen immer wieder Bestätigung erfahren, während sich andere als Irrweg erwiesen. Genau dies ist es, was empirische Wissenschaft auszeichnet. Im Kern geht es darum, in der Vielzahl der konkurrierenden Ideen die Spreu vom Weizen zu trennen.

Neben dieser Perspektive der Forschung gab es immer aber auch schon einen alltagspsychologischen Blick auf menschliches Verhalten und Erleben. Wahrscheinlich entwickelt jede*r von uns eigene Theorien darüber, wie Menschen funktionieren, was sie antreibt oder wie wir einander beeinflussen können. In einer Gesellschaft, in der wir täglich mit unzähligen Informationen über Suchmaschinen im Internet, soziale Medien, Fernsehen, Rundfunk und Printmedien überschüttet werden, ist zudem oft nicht mehr klar zu trennen zwischen wissenschaftlichen Erkenntnissen, kreativen Ideen oder schlicht falschen Behauptungen.

Der vorliegende Beitrag setzt an genau dieser Stelle an. Er beschäftigt sich mit der Frage, inwieweit in der Bevölkerung grundlegende Erkenntnisse der psychologischen Forschung bekannt sind – oder aber falsch eingeschätzt werden.

---

[1] Anzahl der Einträge in der Datenbank PsychInfo für das Jahr 2020.

1 Mythen der Alltagspsychologie

Von einem Mythos der Alltagspsychologie sprechen wir, wenn eine Erkenntnis der psychologischen Forschung vielen Menschen nicht bekannt ist bzw. sie Sachverhalte weitgehend falsch einschätzen (Kanning et al., 2013, 2014). Übertragen auf die Medizin ließe sich beispielsweise von einem Mythos sprechen, wenn sehr viele Menschen annehmen würden, dass sich durch die Einnahme hochdosierter Vitaminpräparate Krebs heilen ließe oder die Verabreichung von Globuli mehr bewirken könne als einen Placeboeffekt.

In zwei Studien werden nachfolgend insgesamt 27 psychologische (Pseudo-)Phänomene dahin gehend untersucht, ob ihr Wahrheitsgehalt in einer jeweils sehr großen Stichprobe von Menschen richtig oder falsch eingeschätzt wird. Bei der Auswahl der Phänomene orientieren wir uns stark an dem Buch *50 Great Myths of Popular Psychology* von Lilienfeld et al. (2010), gehen aber auch darüber hinaus. Schauen wir uns zunächst die untersuchten Mythen an:

1. *Reden: „Frauen generieren pro Tag mehr Wörter als Männer."* Auch wenn mancher von uns hin und wieder diesen Eindruck haben mag, lässt er sich empirisch nicht bestätigen (Mehl et al., 2007). Möglicherweise fällt es uns einfach nur mehr auf, wenn Frauen Gesprächssituationen dominieren, als wenn Männer dies tun. Zudem sind hier vermutlich auch entsprechende Rollenstereotype am Werk.
2. *Pubertät: „Die Pubertät ist immer eine Phase der Rebellion, der Konflikte mit Erwachsenen und erhöhter Risikobereitschaft."* Auch diese Aussage ist nicht zutreffend (Offer & Schonert-Reichle, 1992). Sicherlich gibt es sehr viele Jugendliche, bei denen die

Eltern es genau so erleben. Es gibt aber sehr viel mehr Jugendliche, bei denen dies nicht der Fall ist. Da wir aber unzählige Male das Gegenteil gelesen oder gehört haben und Eltern pubertierender Kinder sich gern über negative Erfahrungen austauschen, nehmen wir wahrscheinlich die Realität verzerrt war. Hinzu kommt, dass wir ein konfliktreiches Verhalten einer 14-Jährigen diesem Interpretationsmuster folgend allzu voreilig der Pubertät zuschreiben, während wir dasselbe Verhalten bei ihrem 40-jährigen Vater auf dessen Persönlichkeit oder die aktuellen Umstände der Situation zurückführen. Dieselben Mutmaßungen wären im Fall der Tochter aber ebenso legitim. Durch die selektive Ursachenzuschreibung festigen wir die falsche Überzeugung.

3. *Mozart*-Effekt: *„Spielt man Kleinkindern regelmäßig Musik von Mozart vor, so steigt hierdurch ihre Intelligenz."* Oberflächlich betrachtet mag dies stimmen. In Wirklichkeit handelt es sich jedoch um eine sog. illusorische Korrelation. Wenn Kinder, die Mozart hören intelligenter sind als Kinder, die beispielsweise überwiegend vor dem Fernsehgerät sitzen, hat dies nichts mit Mozart, sondern eher mit dem Bildungsniveau der Eltern zu tun. Elternhäuser, in denen viel klassische Musik gehört wird, werden in der Regel ein höheres Bildungsniveau aufweisen. Dies wiederum erhöht die Wahrscheinlichkeit, dass Kinder in diesen Familien eine optimale Unterstützung bei der Entwicklung erfahren und daher ihre intellektuellen Potenziale besser entfalten können.

4. *Zeugen:* *„Augenzeugen sind meist in der Lage die vorgefallenen Geschehnisse unverfälscht wiederzugeben."* Das Gegenteil ist eher der Fall. Zeugenaussagen sind sehr fragil. Schon kleine Veränderungen in der Art der

Befragung können die Zeugenaussagen beeinflussen (Loftus & Palmer, 1974).
5. *Magengeschwüre: „Stress ist die Ursache von Magengeschwüren."* Bis in die 1990er-Jahre hinein konnte man ähnliches auch im Psychologiestudium noch hören. Erst später zeigte sich, dass Magengeschwüre zum überwiegenden Teil auf biologische Ursachen zurückzuführen sind. Dabei hat der Großteil aller Magengeschwüre seine Ursache in einem Bakterium namens *Helicobacter pylori* (Warren & Marshall, 1983)
6. *Übersinnliches: „Übersinnliche Wahrnehmung (z. B. Telepathie, Hellsehen, Wahrsahen) ist ein wissenschaftlich nachgewiesenes Phänomen."* Das Gegenteil wäre eine weitaus zutreffendere Aussage.
7. *Autisten: „Die meisten Autisten verfügen über besondere intellektuelle Fähigkeiten (z. B. Hochbegabung)."* Auch wenn in den Medien immer wieder entsprechende Fälle auftauchen, handelt es sich dabei jedoch nur um Einzelfälle. Inselbegabungen sind auch unter Autisten selten und kommen prozentual nicht häufiger vor als in der Gesamtbevölkerung (Treffert, 2009).
8. *Selbstmord: „Menschen, die einen Selbstmord versuchen oder begehen, leiden immer unter einer schweren Depression."* Eine schwere Depression kann sicherlich ein zentraler Motor eines Suizidversuchs sein. Es gibt jedoch auch andere Ursachen, wie beispielsweise Probleme und Sorgen in der Adoleszenz oder Substanzmissbrauch (Pickles et al., 2010). Zudem hängt der Schweregrad einer Depression nicht kausal mit Suizidgedanken zusammen (Teismann et al., 2018).
9. *Hirnhälfte: „Einige Menschen denken überwiegend mit der linken Hirnhälfte, andere überwiegend mit der rechten."* Menschen denken grundsätzlich mit beiden

Hirnhälften, wobei zwischen beiden Hälften ein reger Informationsaustausch stattfindet.
10. *Hochbegabte:* „*Intellektuell Hochbegabte haben mehr Probleme im alltäglichen Umgang mit anderen Menschen als normal begabte Menschen.*" Auch wenn der Volksmund behauptet, dass Genie und Wahnsinn eng beieinander liegen zeigt die Forschung, dass Hochbegabte ebenso häufig Auffälligkeiten in ihrem Sozialverhalten oder ihrem Persönlichkeitsprofil aufweisen wie Menschen, die nicht hochbegabt sind (Rost, 1993).
11. *Couch:* „*Geht man zu einem Psychologen in die Therapie, darf man sich erstmal auf die Couch legen.*" Die Couch als Sinnbild der Arbeit von Psychotherapeut*innen geht zurück auf Siegmund Freud, dem Begründer der Psychoanalyse. Die meisten therapeutisch arbeitenden Psycholog*innen sind allerdings keine Psychoanalytiker*innen, sondern vertreten andere Formen der Psychotherapie, in denen die Couch keine Rolle spielt – im Regelfall sitzt man sich in einem Büro mit Sitzecke auf Augenhöhe gegenüber.
12. *Tintenkleckse:* „*Beim Deuten von Tintenklecksen tritt die wahre Persönlichkeit eines Menschen zum Vorschein.*" Ähnlich wie die Couch, gehört auch das Deuten von Tintenklecksen zum stereotypen Handwerkszeug der Psychoanalyse, das in unzähligen Filmen tradiert oder auch karikiert wurde. Im Psychologiestudium gilt es seit Jahrzehnten als Inbegriff schlechter Persönlichkeitsdiagnostik. Dies liegt u. a. daran, dass die Deutung der Antworten, dem Therapeuten immense Spielräume lässt, seine eigene Sicht auf den Patienten in die Antworten hineinzuinterpretieren (siehe auch Wood et al., 2011).

13. *Persönlichkeitsentwicklung: „Kinder, die in gleicher Weise erzogen werden, entwickeln später auch dieselbe Persönlichkeit."* Diese Sichtweise blendet verschiedene Faktoren aus, die unsere Persönlichkeitsentwicklung jenseits des elterlichen Erziehungsstils beeinflussen. Neben einer genetischen Vorprägung spielen dabei vor allem Umweltfaktoren wie der Freundeskreis, der Einfluss der Schule oder gesellschaftliche Entwicklungen eine Rolle. Je älter ein Kind wird, desto weniger können die Eltern seine Entwicklung allein beeinflussen (vgl. Collins et al., 2000).
14. *Handschrift: „In der Handschrift eines Menschen spiegelt sich seine Persönlichkeit."* Dies ist seit mehr als 200 Jahren die tiefe Überzeugung von Grafolog*innen und ihrer Anhänger*innen. Allerdings wurde auch diese Überzeugung in unzähligen Studien widerlegt (King & Koehler, 2000). An dieser Stelle wird sehr schön der Unterschied zwischen einer Wissenschaft und einer Pseudowissenschaft deutlich. Die empirische Wissenschaft erkennt früher oder später ihre Irrtümer und legt dann ganze Schulen oder Strömungen ihrer Geschichte zu den Akten. Eine Pseudowissenschaft ignoriert widerlegende Befunde und predigt jahrhundertelang dieselben Thesen.
15. *Vollmond: „Bei Vollmond werden mehr Gewalttaten begangen als sonst."* Auch wenn der Mond die Gezeiten bestimmt, so weit geht sein Einfluss dann doch nicht (Rotton & Kelly, 1985).
16. *Partnerschaft: „Beim Zustandekommen dauerhafter Partnerschaften gilt das Prinzip: Gegensätze ziehen sich an."* Der Volksmund kennt in diesem Zusammenhang zwei widersprüchliche Thesen: „Gleich und gleich gesellt sich gern" und „Gegensätze ziehen sich an." Für beides wird man im Alltag sicherlich gute Beispiele finden können, die Ergebnisse der Forschung sprechen

jedoch stark für die erste These. Beziehungen basieren in sehr viel stärkerem Maß auf Gemeinsamkeiten als auf Gegensätzen – und Beziehungen, die vor allem durch Gemeinsamkeiten geprägt sind, halten auch länger (Böhm et al., 2010).

17. *Schizophrenie: „Menschen die unter Schizophrenie leiden haben eine gespaltene (multiple) Persönlichkeit."* Das Störungsbild der gespaltenen Persönlichkeit wird zwar häufig in Spielfilmen mit Schizophrenie gleichgesetzt, de facto handelt es sich dabei jedoch um zwei unterschiedliche Störungen. Die Schizophrenie ist eine psychische Erkrankung, die mit einem breiten Spektrum von Symptomen in Erleben und Verhalten des Betroffenen einhergeht (z. B. Sinnestäuschungen; Glaube daran, dass Gedanken von außen gesteuert werden; Reduzierung von Mimik und Gestik). Die Wahrscheinlichkeit, gleichzeitig an beiden psychischen Störungen zu leiden, ist sehr gering.

18. *Gehirn: „Der Mensch nutzt nur 10 % seines Gehirns."* Diese Fehleinschätzung wird gern von Personen verbreitet, die Training oder Lernprogramme anbieten, mit deren Hilfe sich angeblich die Nutzung der Hirnkapazität erweitern lässt. Schon eine einfache Plausibilitätsbetrachtung bringt die These jedoch ins Schwanken. Welchen Sinn sollte evolutionsbiologisch ein Gehirn haben, dass zu 90 % nicht genutzt wird? Die Neuropsychologie widerlegt selbstverständlich diese Aussage.

19. *Sterbeprozess: „Menschen, die wissen, dass sie in einigen Wochen sterben werden, durchlaufen dieselben psychologischen Phasen des Sterbeprozesses (1. Ablehnung, 2. Zorn, 3. Verhandeln, 4. Depression, 5. Zustimmung)."* Dieses Phasenmodell, dass über viele Jahrzehnte hinweg von einer populären Sterbeforscherin auch über die Medien erfolgreich verbreitet wurde,

gilt heute als widerlegt (z. B. Harvard Medical School, 2011). Stattdessen scheint es viele individuell unterschiedliche Reaktionsmuster zu geben.

20. *Psychotherapie: „Für eine erfolgreiche Psychotherapie ist es notwendig, dass der Therapeut sich intensiv mit der Kindheit des Patienten beschäftigt."* Auch diese Sichtweise geht auf die Psychoanalyse zurück. Viele Studien zu anderen Psychotherapieformen zeigen jedoch, dass die Therapie vieler psychischer Störungen durchaus erfolgreich sein kann, wenn keine Auseinandersetzung mit Erfahrungen aus der Kindheit stattfindet (z. B. Wittchen & Hoyer, 2011).

21. *Psychophysiognomik: „Der Abstand der Augen, die Größe des Kinns oder ähnliche Merkmale des Schädels verraten etwas über die Persönlichkeit eines Menschen."* Die Vorstellung, dass sich in der Physiognomie eines Menschen Hinweise auf dessen Persönlichkeitsmerkmale finden lassen, wird von ihren Anhängern bis auf Aristoteles zurückverfolgt. In der Forschung gilt sie schon lange als überholt (Kanning, 2010). Gleichwohl gibt es immer noch (oder wieder) Vertreter*innen dieser Zunft, die ihre Dienste beispielsweise in der Personalauswahl anbieten.

22. *Schlaf: „Es ist wissenschaftlich belegt, dass man im Schlaf mit Hilfe von Tonbandkassetten o.ä. eine bestimmte Sprache erlernen kann."* Leider stimmt lediglich, dass der Schlaf bei der Konsolidierung von Lerninhalten hilft, die zuvor im Wachzustand erworben wurden (Born et al., 2006). Das Lernen bleibt also weiterhin eine Aufgabe für einen wachen Geist.

23. *Autosuggestion: „Durch Autosuggestion kann jeder Mensch erfolgreich werden."* Diese verführerische These wird gern von Motivationsgurus gepredigt. Ihren Anhänger*innen reden sie ein, man könne allein dadurch erfolgreich werden, dass man sich

gebetsmühleartig immer wieder beispielsweise den folgenden Satz vorspricht: Ich bin erfolgreich. Leider hängt Erfolg jedoch von vielen Faktoren ab: Fleiß, kreativen Ideen, Intelligenz, sozialen Kompetenzen, Netzwerken, Geld, Zufall und vielem mehr (Kanning, 2007).

24. *Blickrichtung:* „*An der Blickrichtung eines Menschen beim Nachdenken kann man erkennen, um welchen Persönlichkeitstypus es sich handelt.*" Die Blickrichtungsdiagnostik entstammt dem Neurolinguistischen Programmieren (NLP) – einer Pseudowissenschaft, die heute vor allem im Personalwesen weit verbreitet ist. Sie wurde bereits in den 1980er-Jahren in mehreren Studien widerlegt (z. B. Thomason et al., 1980).

25. *Homöopathie:* „*Die pharmakologische Wirkung homöopathischer Medikamente ist wissenschaftlich belegt.*" Wahrscheinlich glauben viele Tausend Menschen an die Homöopathie und lassen sich entsprechend behandeln. Eine Wirkung, die über einen Placeboeffekt hinausreicht, lässt sich jedoch nicht nachweisen (z. B. Ernst, 2012).

26. *Sterne:* „*Die Konstellation der Sterne zum Zeitpunkt der Geburt eines Menschen nimmt Einfluss auf seine Persönlichkeitsentwicklung.*" Die Astrologie gehört zu den am besten widerlegten Pseudowissenschaften überhaupt (Kanning, 2010). Nicht einmal physikalisch stimmen die Grundannahmen mit der Realität überein.

27. *Bystander:* „*Je mehr Menschen einem Unfall oder einem Verbrechen beiwohnen, desto größer ist die Wahrscheinlichkeit, dass jemand dem Opfer hilft.*" Der vielfach belegte Bystander-Effekt besagt das genaue Gegenteil (vgl. Fischer et al., 2011). Die Wahrscheinlichkeit, dass dem Opfer geholfen wird, sinkt mit der Menge der Zuschauer*innen. Ein Grund dafür ist die

subjektiv erlebte, geringere Verantwortung der einzelnen Menschen. Je mehr zuschauen, desto eher stellt sich die Frage, warum soll gerade ich aktiv werden?

Ob diese Mythen tatsächlich von vielen Menschen geglaubt werden bzw. wie viele Menschen derartige Mythen als zutreffend erleben, haben wir im Rahmen von zwei groß angelegten Umfragen überprüft.

2 Verbreitung von Mythen der Alltagspsychologie

Studie 1 untersucht die ersten 15 Mythen der Alltagspsychologie. In einem Online-Fragebogen wurden die Teilnehmer*innen mit insgesamt 20 Aussagen – 15 Mythen und 5 zutreffenden Aussagen – konfrontiert. Ihre Aufgabe bestand darin, jeweils anzukreuzen, ob eine Aussage ihrer Meinung nach richtig oder falsch sei. Durch die Untermischung der zutreffenden Aussagen sollte verhindert werden, dass Personen, die sich gut auskennen, den Eindruck bekamen, alle Aussagen seien falsch und daraufhin nicht mehr nachdenken, bevor sie ihre Entscheidung abgeben.

Befragt wurden 3738 Personen über die Datenerhebungsplattform PsyWeb (https://psyweb.uni-muenster.de/). Die Befragten waren zu 55,3 % weiblich und zu 44,3 % männlich. Das Durchschnittsalter lag bei 37,4 Jahren (SD: 16,8). Von den Befragten studierten 7,5 % entweder Psychologie oder hatten bereits ein Studium der Psychologie absolviert.

Die Tab. 1 stellt dar, wie viel Prozent der Gesamtstichprobe die jeweilige Aussage als zutreffend einstufen. Die Ergebnisse werden in drei Kategorien eingeteilt: Wenn weniger als 50 % der Befragten eine Aussage als

Tab. 1 Einschätzung der Mythen der Alltagspsychologie durch die befragten Personen

Mythos	Anteil richtiger Antworten (%)	Verbreitung des Mythos
1. Reden „Im Durchschnitt reden Frauen pro Tag mehr als Männer."	33,8	Stark
2. Pubertät „Die Pubertät ist immer eine Phase der Rebellion, der Konflikte mit Erwachsenen und erhöhter Risikobereitschaft."	43,2	Stark
3. Mozart „Spielt man Kleinkindern regelmäßig Musik von Mozart vor, so steigt hierdurch ihre Intelligenz."	73,9	Schwach
4. Zeugen „Augenzeugen sind meistens in der Lage, die vorgefallenen Geschehnisse unverfälscht wiederzugeben."	97,6	Schwach
5. Magengeschwüre „Stress ist die Ursache von Magengeschwüren"	55,4	Mittel
6. Übersinnliches „Übersinnliche Wahrnehmung (z. B. Telepathie, Hellsehen, Wahrsagen) ist ein wissenschaftlich nachgewiesenes Phänomen."	91	Schwach
7. Autisten „Die meisten Autisten verfügen über besondere intellektuelle Fähigkeiten (z. B. Hochbegabung)."	54,8	Mittel
8. Selbstmord „Menschen, die einen Selbstmord versuchen oder begehen, leiden immer unter einer schweren Depression."	87,6	Schwach

(Fortsetzung)

Tab. 1 (Fortsetzung)

Mythos	Anteil richtiger Antworten (%)	Verbreitung des Mythos
9. Hirnhälfte „Einige Menschen denken überwiegend mit der linken Hirnhälfte, andere überwiegend mit der rechten."	53,4	Mittel
10. Hochbegabte „Intellektuell Hochbegabte haben mehr Probleme im alltäglichen Umgang mit anderen Menschen als normal begabte Menschen."	89	Schwach
11. Couch „Geht man zu einem Psychologen in die Therapie, darf man sich erstmal auf die Couch legen."	99,1	Schwach
12. Tintenklecks „Beim Deuten eines Tintenkleckses tritt die wahre Persönlichkeit eines Menschen zum Vorschein."	91,8	Schwach
13. Persönlichkeitsentwicklung „Kinder, die in gleicher Weise erzogen werden, entwickeln später auch dieselbe Persönlichkeit."	96,4	Schwach
14. Handschrift „In der Handschrift eines Menschen spiegelt sich seine Persönlichkeit."	53,7	Mittel
15. Vollmond „Bei Vollmond werden mehr Gewalttaten begangen als sonst."	78,4	Schwach

unzutreffend bewerten, wird die Aussage als stark verbreiteter Mythos klassifiziert. Dies gilt für zwei Aussagen. Demnach glauben die Befragten mehrheitlich, dass Frauen pro Tag mehr reden als Männer. Zudem sind sie der Überzeugung, die Pubertät sei immer eine Phase der Rebellion, der Konflikte mit Erwachsenen und erhöhter Risikobereitschaft. Bei vier weiteren Aussagen geben 50–70 % der Befragten eine richtige Antwort. Dies gilt für die Annahme, dass die Ursache für Magengeschwüre im Stress der Betroffenen liegt, Autismus meist mit Hochbegabung einhergeht, Menschen überwiegend mit ihrer linken oder rechten Hirnhälfte denken und die Handschrift Auskunft über die Persönlichkeit liefert. In allen vier Fällen liegt der Prozentwert der richtigen Antworten allerdings nur knapp oberhalb der 50-Prozent-Marke. In den verbleibenden sieben Fällen handelt es sich um schwach verbreitete Mythen. Die überwiegende Mehrheit (mehr als 73 % der Befragten) entlarvt die jeweiligen Aussagen als nicht zutreffend.

Etwa die Hälfte der von uns untersuchten Falschaussagen wird damit von einem großen Anteil der Befragten für wahr gehalten. Die relativ guten Ergebnisse der befragten Stichprobe mögen darauf zurückzuführen sein, dass hierin in starkem Maß Menschen mit höherer Bildung vertreten waren. So verfügen fast 75 % der Befragten über ein (Fach-)Abitur. Eine tiefergehende Analyse der Daten zeigt dann auch, dass Menschen mit (Fach-)Abitur bei fast allen Aussagen zutreffendere Einschätzungen abgegeben haben als Menschen mit geringerer Schulbildung. Dies drückt sich in einem durchschnittlichen Wert von 10,8 richtigen Einschätzungen ($SD = 2{,}15$) der Personen mit (Fach-)Abitur versus einem Wert von 9,8 ($SD = 2{,}3$) der Personen ohne Abitur aus. Eine Ausnahme bildete der Mythos, dass Frauen generell mehr reden als Männer und dass Psychotherapeuten immer mit einer Couch arbeiten. Insgesamt betrachtet führt ein höheres Bildungsniveau dazu, dass die Befragten etwas mehr zutreffende Einschätzungen vornehmen. Eine Erklärung für dieses Ergebnis könnte darin liegen, dass Menschen mit höherem Bildungsniveau in ihrem Studium mit entsprechenden Forschungsergebnissen konfrontiert wurden und/oder in ihrer Freizeit Informationskanäle nutzen, die ein zutreffenderes Bild psychologischer Forschungsergebnisse vermitteln.

3 Quelle der Einschätzung von Mythen der Alltagspsychologie

Studie 2 geht der Frage nach, aus welchen Quellen die Befragten ihr Wissen über Mythen der Alltagspsychologie generieren. Hierzu wurden erneut einer großen Stichprobe von Menschen (2139 Personen) zwölf Mythen der Alltagspsychologie vorgelegt. Diesmal handelt es sich um die Mythen 16 bis 27 aus der oben dargestellten Liste. Zusätzlich wurden acht zutreffende Aussagen untergemischt. Die Befragten wurden zum einen gebeten, jede Aussage dahin gehend einzuschätzen, ob sie zutreffend sei oder nicht, zum andern sollten sie jeweils einschätzen, aus welcher Quelle sich ihr Wissen speist. Zur Auswahl standen dabei sieben Optionen: Ausbildung/Studium, berufliche Erfahrung, persönliche Erfahrung, Freunde/Bekannte, Bücher/Medien, sonstiges, geraten.

Die Stichprobe bestand zu 60 % aus Frauen und zu 40 % aus Männern. Das Durchschnittsalter betrug 41,4 Jahre (*SD*: 14,6). Menschen mit (Fach-)Abitur bzw. Studienabschluss machten 78,03 % der Stichprobe aus.

In zwei Fällen konnte ein stark verbreiteter Mythos identifiziert werden (Tab. 2). Weniger als 50 % der Befragten wussten, dass Menschen ihr Gehirn zu mehr als 10 % nutzen und dass sich der Sterbeprozess nicht in einer bestimmten psychologischen Stufenabfolge vollzieht. In zwei weiteren Fällen gaben lediglich 50–70 % der Befragten richtige Einschätzungen ab. Sie erkannten, dass

Tab. 2 Einschätzung der Mythen und Einschätzung der Quelle dieser Einschätzung

Mythos	Qualität der Antworten			
	Anteil richtiger Antworten (%)	Verbreitung des Mythos'	Informationsquelle	Anteil der Quelle in %
16. Partnerschaft Beim Zustandekommen dauerhafter Partnerschaften gilt das Prinzip: „Gegensätze ziehen sich an". (Stimmt nicht)	91,9	Schwach	Ausb./ Studium	6,4
			Berufl. Erfahrung	1,1
			Pers. Erfahrung	50,4
			Freunde/ Bekannte	3,3
			Bücher/ Medien	18,2
			Sonstiges	5
			Geraten	15,6
17. Schizophrenie „Menschen, die an Schizophrenie leiden, haben eine gespaltene (multiple) Persönlichkeit." (Stimmt nicht)	59,3	Mittel	Ausb./ Studium	16,2
			Berufl. Erfahrung	5,1
			Pers. Erfahrung	7,2
			Freunde/ Bekannte	4,7
			Bücher/ Medien	35,3
			Sonstiges	8,5
			Geraten	23
18. Gehirn „Der Mensch nutzt nur 10 % seines Gehirns." (Stimmt nicht)	48,1	Stark	Ausb./ Studium	12,8
			Berufl. Erfahrung	1,5
			Pers. Erfahrung	3,8
			Freunde/ Bekannte	1,1
			Bücher/ Medien	40,9
			Sonstiges	8,5
			Geraten	31,4

(Fortsetzung)

Tab. 2 (Fortsetzung)

Mythos	Qualität der Antworten			
	Anteil richtiger Antworten (%)	Verbreitung des Mythos'	Informationsquelle	Anteil der Quelle in %
19. Sterbeprozess „Menschen, die wissen, dass sie in einigen Wochen sterben werden, durchlaufen dieselben psychologischen Phasen des Sterbeprozesses (1. Ablehnung 2. Zorn 3. Verhandeln 4. Depression 5. Zustimmung)." (Stimmt nicht)	30,5	Stark	Ausb./Studium	8,7
			Berufl. Erfahrung	3,1
			Pers. Erfahrung	9,3
			Freunde/Bekannte	2,9
			Bücher/Medien	22,2
			Sonstiges	6,6
			Geraten	47,4
20. Psychotherapie „Für eine erfolgreiche Psychotherapie ist es notwendig, dass der Therapeut sich intensiv mit der Kindheit des Patienten beschäftigt." (Stimmt nicht)	65,7	Mittel	Ausb./Studium	12,5
			Berufl. Erfahrung	4,3
			Pers. Erfahrung	28,2
			Freunde/Bekannte	3,8
			Bücher/Medien	16,6
			Sonstiges	7,3
			Geraten	27,4

(Fortsetzung)

Tab. 2 (Fortsetzung)

Mythos	Qualität der Antworten			
	Anteil richtiger Antworten (%)	Verbreitung des Mythos'	Informationsquelle	Anteil der Quelle in %
21. Psychophysiognomik „Der Abstand der Augen, die Größe des Kinns oder ähnliche Merkmale des Schädels verraten etwas über die Persönlichkeit eines Menschen." (Stimmt nicht)	89,5	Schwach	Ausb./Studium Berufl. Erfahrung Pers. Erfahrung Freunde/Bekannte Bücher/Medien Sonstiges Geraten	11,9 2,1 20,2 0,5 23,6 7,7 34,2
22. Schlaf „Es ist wissenschaftlich belegt, dass man im Schlaf mit Hilfe von Tonbandkassetten o. Ä. eine neue Sprache erlernen kann." (Stimmt nicht)	81,2	Schwach	Ausb./Studium Berufl. Erfahrung Pers. Erfahrung Freunde/Bekannte Bücher/Medien Sonstiges Geraten	6,1 0,8 10,5 0,8 23 8,1 50,8

(Fortsetzung)

Tab. 2 (Fortsetzung)

Mythos	Qualität der Antworten			
	Anteil richtiger Antworten (%)	Verbreitung des Mythos'	Informationsquelle	Anteil der Quelle in %
23. Autosuggestion „Durch Autosuggestion kann jeder Mensch materiell erfolgreich werden." (Stimmt nicht)	85,6	Schwach	Ausb./Studium	3,8
			Berufl. Erfahrung	2,4
			Pers. Erfahrung	20,9
			Freunde/Bekannte	1,36
			Bücher/Medien	14,2
			Sonstiges	7,6
			Geraten	49,7
24. Blickrichtung „An der Blickrichtung eines Menschen beim Nachdenken, kann man erkennen, um welchen Persönlichkeitstypus es sich handelt." (Stimmt nicht)	81	Schwach	Ausb./Studium	6,4
			Berufl. Erfahrung	2,5
			Pers. Erfahrung	18,5
			Freunde/Bekannte	1,2
			Bücher/Medien	11,4
			Bücher/Medien	
			Sonstiges	6,1
			Geraten	54
25. Homöopathie „Die pharmakologische Wirkung homöopathischer Medikamente ist wissenschaftlich belegt." (Stimmt nicht)	83,5	Schwach	Ausb./Studium	8,1
			Berufl. Erfahrung	3,5
			Pers. Erfahrung	8,7
			Freunde/Bekannte	3,3
			Bücher/Medien	43,4
			Sonstiges	8,4
			Geraten	24,6

(Fortsetzung)

Tab. 2 (Fortsetzung)

Mythos	Qualität der Antworten			
	Anteil richtiger Antworten (%)	Verbreitung des Mythos'	Informationsquelle	Anteil der Quelle in %
26. Sterne „Die Konstellation der Sterne zum Zeitpunkt der Geburt eines Menschen nimmt Einfluss auf seine Persönlichkeitsentwicklung." (Stimmt nicht)	90,4	Schwach	Ausb./Studium	8,7
			Berufl. Erfahrung	0,5
			Pers. Erfahrung	26,3
			Freunde/Bekannte	1,6
			Bücher/Medien	23,3
			Sonstiges	10,9
			Geraten	28,6
27. Bystander „Je mehr Menschen einem Unfall oder einem Verbrechen beiwohnen, desto größer ist die Wahrscheinlichkeit, dass jemand dem Opfer hilft." (Stimmt nicht)	86,8	Schwach	Ausb./Studium	10,1
			Berufl. Erfahrung	2,5
			Pers. Erfahrung	20,1
			Freunde/Bekannte	1,13
			Bücher/Medien	32,2
			Sonstiges	8,7
			Geraten	25,3

Schizophrenie nicht gleichzusetzen ist mit der multiplen Persönlichkeit und dass erfolgreiche Psychotherapie keineswegs eine Auseinandersetzung mit Erlebnissen der Kindheit voraussetzt.

Bezogen auf die Quelle des Wissens sollen an dieser Stelle nur Quellen diskutiert werden, die von mehr als 25 % der Befragten angegeben wurden. Bei der Hälfte der Mythen gaben die Befragten vorrangig an, geraten zu haben. Dabei muss bedacht werden, dass sich hinter dieser Quelle sicherlich ein hoher Anteil von Menschen verbirgt, die im Nachhinein nicht mehr sicher rekonstruieren können, woher sie etwas wissen bzw. zu wissen glauben. Weder die eigene berufliche Ausbildung inklusive Studium noch die berufliche Erfahrung spielen als Quelle des Wissens eine nennenswerte Rolle. Bücher und Medien wurde in einem Drittel der Mythen von den Befragten als Quelle identifiziert. Bei einem Viertel der Mythen wurden persönliche Erfahrungen als Quelle genannt.

4 Fazit

Von den 27 Mythen, die in den beiden Studien untersucht wurden, finden vier eine sehr starke Verbreitung. Weniger als 50 % der Befragten wissen, dass es sich hierbei um falsche Überzeugungen handelt. In fünf weiteren Fällen nehmen immerhin zwischen 30 und 50 % der Befragten eine Fehleinschätzung vor. Die meisten Mythen werden nur von einer Minderheit der Befragten geteilt. Für die Psychologie könnte dies als ein positives Ergebnis gewertet werden. Möglicherweise gelingt es ihr, Forschungsergebnisse erfolgreich im Wissensbestand weiter Bevölkerungsschichten zu verankern. Die Freude hierüber könnte jedoch auch allzu verfrüht sein, wenn wir bedenken, dass beide Stichproben nicht repräsentativ für die Zusammensetzung der Bevölkerung sind. In beiden Stichproben überwiegen Menschen mit hohem Bildungsniveau. Zudem können manche Mythen auch dann unerwünschte Konsequenz nach sich ziehen, wenn sie nicht von der Mehrheit der Bevölkerung für bare Münze genommen werden. Man denke hier z. B. daran, dass fast 17 % der Befragten an Homöopathie glauben und sich damit im schlimmsten Fall der Chance berauben, eine ernstzunehmende Krankheit frühzeitig professionell behandeln zu lassen; 19 % glauben, dass man an der Blickrichtung die Persönlichkeit eines Menschen erkennen kann und gehen daher auch mit größerer Wahrscheinlichkeit Scharlatanen auf den Leim. Gleiches gilt für Menschen, die an die Psychophysiognomik glauben (10 %) oder davon ausgehen, dass sie über Mittel der Autosuggestion erfolgreich werden können (fast 15 %). Hier gibt es also durchaus noch viel zu tun für den Transfer von Forschungsergebnissen in die Gesellschaft.

Danksagung Die Autoren möchten sich herzlich bei Julia Kirsch für ihre Unterstützung in der Datenauswertung bedanken.

Literatur

Böhm, R., Schütz, A., Rentzsch, K., Körner, A., & Funke, F. (2010). Are we looking for positivity or similarity in a partner's outlook on life?: Similarity predicts perceptions of social attractiveness and relationship quality. *Journal of Positive Psychology, 5,* 431–438.

Born, J., Rasch, B., & Gais, S. (2006). Sleep to remember. *Neuroscientist, 12,* 410–424.

Collins, W. A., Maccoby, E. E., Steinberg, L., Hetherington, E. M., & Bornstein, M. H. (2000). Contemporary research on parenting: The case for nature and nurture. *American Psychologist, 55*(2), 218–232.

Ernst, E. (2012). Homeopathy: A critique of current clinical research. *Skeptical Inquirer, 36*(6), 39–42.

Fischer, P., Krueger, J. I., Greitemeyer, T., Vogrincic, C., Kastenmüller, A., Frey, D., et al. (2011). The bystander-effect: A meta-analytic review on bystander intervention in dangerous and non-dangerous emergencies. *Psychological Bulletin, 137*(4), 517–537. https://doi.org/10.1037/a0023304

Harvard Medical School (Hrsg.). (2011). Beyond the five stages of grief. *Harvard Mental Health Letter, 21* (6).

Kanning, U. P. (2007). *Wie Sie garantiert nicht erfolgreich werden! Dem Phänomen der Erfolgsgurus auf der Spur.* Pabst.

Kanning, U. P. (2010). Schädeldeutung & Co.: Absurde Methoden der Psychodiagnostik. *Skeptiker, 3,* 112–119.

Kanning, U. P., Rist, F., Schmukle, S., & Thielsch, M. T. (2013). Mythen der Alltagspsychologie: Was wissen Laien über (vermeintliche) Forschungsergebnisse? *Skeptiker, 1,* 10–15.

Kanning, U. P., Rist, F., Schmukle, S., Ehring, T., & Thielsch, M. T. (2014). Mythen der Alltagspsychologie II: Aus welchen Quellen speisen Menschen ihr Wissen über vermeintliche Forschungsergebnisse und wie gut sind diese Quellen? *Skeptiker, 1,* 4–12.

King, R. N., & Koehler, D. J. (2000). Illusory correlations in graphological inference. *Journal of Experimental Psychology, 6,* 336–348.

Lilienfeld, S. O., Lynn, S. J., Ruscio, J., & Beyerstein, B. L. (2010). *50 great myths of popular psychology: Shattering widespread misconceptions about human behavior.* Wiley-Blackwell.

Loftus, E. F., & Palmer, J. C. (1974). Reconstruction of automobile destruction: An example of the interaction between language and memory. *Journal of verbal learning and verbal behavior, 13*(5), 585–589.

Mehl, M., Vazire, S., Ramírez-Esparza, N., Slatcher, R., & Pennebaker, J. (2007). Are women really more talkative than men? *Science, 317*(5834), 82.

Offer, D., & Schonert-Reichl, K. A. (1992). Debunking the myth of adolescence: Findings from recent research. *Journal of American Academy of Child and Adolescent Psychiatry, 31,* 1001–1014.

Pickles, A., Aglan, A., Collishaw, S., Messer, J., Rutter, M., & Maughan, B. (2010). Predictors of suicidality across the life span: The Isle of Wight study. *Psychological medicine, 40*(9), 1453–1466.

Rost, D. H. (1993). *Lebensumweltanalyse hochbegabter Kinder.* Hogrefe.

Rotton, J., & Kelly, I. W. (1985). Much Ado About the Full Moon. A Meta-Analysis of Lunar-Lunacy Research. *Psychological Bulletin, 97*(2), 286–306. https://doi.org/10.1037/0033-2909.97.2.286

Teismann, T., Forkmann, T., Brailovskaia, J., Siegmann, P., Glaesmer, H., & Margraf, J. (2018). Positive mental health moderates the association between depression and suicide ideation: A longitudinal study. *International Journal of Clinical and Health Psychology, 18*(1), 1–7.

Thomason, T. C., Arbuckle, T., & Cady, D. (1980). Test of the eye-movement hypothesis of neuro-linguistic programming. *Perceptual and Motor Skills, 51,* 230.

Treffert, D. A. (2009). The savant syndrome: An extraordinary condition. A synopsis: Past, present, future. *Philosophical Transactions of the Royal Society B: Biological Sciences, 364*(1522), 1351–1357.

Warren, J. R., & Marshall, B. (1983). Unidentified curved bacilli on gastric epithelium in active chronic gastritis. *The Lancet, 321*(8336), 1273–1275.

Wittchen, H.-U., & Hoyer, J. (2011). Klinisch-psychologische und psychotherapeutische Verfahren im Überblick. In H.-U. Wittchen & J. Hoyer (Hrsg.), *Klinische Psychologie & Psychotherapie* (S. 461–470). Springer.

Wood, J. M., Nezworski, M. T., Lilienfeld, S. O., & Garb, H. N. (2011). *What's wrong with the Rorschach?: Science confronts the controversial inkblot test.* Jossey-Bass.

Prof. Dr. Uwe Peter Kanning Jahrgang 1966, Studium in Münster und Canterbury, 1993 Diplom in Psychologie, 1997 Promotion, 2007 Habilitation, seit 2009 Professor für Wirtschaftspsychologie an der Hochschule Osnabrück

Arbeitsschwerpunkte: Personaldiagnostik, fragwürdige Methoden der Personalarbeit; Autor und Herausgeber von mehr als 30 Fachbüchern und psychologischen Testverfahren

Träger zahlreicher Auszeichnungen, darunter: 2006 Lehrpreis der Universität Münster; 2008 Transferpreis der Universität Münster; mehrfach Wahl unter die „40 führenden Köpfe des Personalwesens" (Personalmagazin); 2016 „Professor des Jahres" (Unicum Beruf)

Seit 2017 YouTube-Kanal „15 min Wirtschaftspsychologie"

Seit mehr als 20 Jahren Beratung von Behörden und Unternehmen bei personalpsychologischen Fragestellungen mit den Schwerpunkten Personalauswahl und Leistungsbeurteilung

http://www.hs-osnabrueck.de/prof-dr-uwe-p-kanning

www.youtube.com/UwePeterKanning

Prof. Dr. Meinald T. Thielsch Dipl.-Psych., Studium der Psychologie an der Westfälischen Wilhelms-Universität Münster; 2004 Diplom; 2004 bis 2008 Promotionsstudium Psychologie und Wirtschaftsinformatik; 2008 Promotion zum Dr. phil.; 2013 Habilitation; seit 2019 außerplanmäßiger Professor (Schwerpunkt: Organisational Psychology and Human-Computer Interaction) am Institut für Psychologie der Westfälischen Wilhelms-Universität Münster; Lehraufträge an den Universitäten Bonn und Fribourg (Schweiz) sowie der Fachhochschule Münster

Arbeits- und Forschungsschwerpunkte: Human-Computer Interaction und User Experience, Führung und Teamarbeit in Hochrisikoumwelten, Forschungs-Praxis-Transfer, angewandte wirtschaftspsychologische Forschung, Evaluation und Qualitätssicherung. Verschiedene ehrenamtliche und nebenberufliche Tätigkeiten, u. a. als wissenschaftlicher Berater, Redner und als Mentor von Start-ups. Weitere Informationen unter www.meinald.de

„Verschwörungstheorie".
Genealogie eines problematischen Begriffs

Claus Oberhauser

Einleitung
Was haben eigentlich die sogenannte *„lab leak theory"* und QAnon miteinander zu tun? Wenn man ehrlich ist, gibt es kaum Gemeinsamkeiten, bis auf die öffentlich zur Schau gestellte Unterstützung durch den ehemaligen amerikanischen Präsidenten Donald Trump und deren mediale Präsenz während der Coronapandemie (Reuters, 2020; BBC News, 2020). Dies ist ein wichtiges Problem hinsichtlich der Erforschung von „Verschwörungstheorien":

Ein Palimpsest von Michael Butters, Andrew McKenzie-McHargs und meinen Überlegungen und unseren Gesprächen.

C. Oberhauser (✉)
Fachdidaktik Geschichte, Pädagogische Hochschule Tirol, Innsbruck, Deutschland
E-Mail: claus.oberhauser@ph-tirol.ac.at

© Der/die Autor(en), exklusiv lizenziert durch Springer-Verlag GmbH, DE, ein Teil von Springer Nature 2021
M. C. Bauer und L. Deinzer (Hrsg.), *Zwischen Wahn und Wahrheit*,
https://doi.org/10.1007/978-3-662-63641-1_3

Was meinen wir, wenn wir den Begriff Verschwörungstheorie verwenden und warum fallen so unterschiedliche Phänomene unter den Sammelbegriff (Walker, 2019)? Auffällig in der Pandemie ist auch, dass man häufig die Begriffe Verschwörungsmythos oder Verschwörungserzählung liest. Man könnte sogar meinen, dass, je länger die Pandemie dauert, der Begriff Verschwörungstheorie immer weniger verwendet wird. Offensichtlich gibt es ein Unbehagen hinsichtlich der Verwendung des Begriffs und manche sprechen sogar von einer Debatte. Derweil ist es gerade die Geschichte des Begriffs, und damit die historische Semantik, die dabei helfen kann, wesentlich genauer als bisher die genealogischen Leitlinien des Verschwörungsdenkens und dessen Rhetorik offenzulegen. Das Problem der Definition jedoch kann und will eine historische Semantik, wie sie hier aufgezeigt wird, nicht lösen. Das sollte auch tunlichst vermieden werden, denn frei nach Nietzsche hat ja etwas keine Geschichte mehr, wenn man es definieren kann (McKenzie-McHarg, 2020). Verschwörungstheorien sind eben kein Phänomen der heutigen Zeit, sondern sie haben eine lange Geschichte. Dies gilt auch für den Begriff, der folgerichtig einen mehrfachen Bedeutungswandel durchgemacht hat, was im Folgenden aufgezeigt wird. Hierbei werden verschiedene Diskurse über und Forschungsperspektiven in Hinsicht auf die Verwendung des Begriffs Verschwörungstheorie miteinander in Beziehung gesetzt und ein erster Entwurf einer vergleichenden Geschichte des Begriffs Verschwörungstheorie geliefert. Es handelt sich um ein Kaleidoskop aus verschiedenen Perspektiven und Ansätzen. Weitere Forschungen werden folgen müssen.

1 Popper und die Verschwörungstheorie der Gesellschaft

Die Argumente, die gegen die Verwendung des Begriffs Verschwörungstheorie heutzutage bzw. während der Pandemie hervorgebracht wurden, sind nicht sehr fundiert: So wird der Begriff von einigen Wissenschaftler*innen und Journalist*innen zurückgewiesen, da eine Theorie ganz im Sinn Karl Poppers falsifizierbar sein soll und dies belegt man im Übrigen nicht mit Poppers Ausführungen, sondern mit leider sehr oberflächlichen am Duden orientierten Bestimmungen des Begriffs Theorie. Dies sind insbesondere die Vertreter*innen des Begriffs Verschwörungserzählung (Nocun & Lamberty, 2020). Dies ist alles, aber nicht neu: Bereits im 19. Jahrhundert, als der Begriff das erste Mal im englischsprachigen Raum aufkam, wurde kritisiert, dass man mit Theorie Wissenschaftlichkeit suggeriere (McKenzie-McHarg, 2019a, S. 75). Würde man sich auf Popper beziehen, dann hätte vielen wieder einfallen müssen, dass ja Popper selbst den Begriff Verschwörungstheorie bekanntlich stark mitgeprägt hat. Die „Verschwörungstheorie der Gesellschaft" hat er zweimal in seinen Werken benannt und erklärt. Er meinte wohl damit eine für ihn falsche Deutung von historischen Ereignissen, Zuständen oder Entwicklungen, die sich auf eine Verschwörung von Mächten im Hintergrund zurückführen lassen. Alles das, was sich auf diese Verschwörung bezieht, lässt sich durch den Plan dieser Gruppe erklären. Somit gebe es keine Zufälle, keine Multiperspektivität oder wichtige Strukturen, sondern den weitverzweigten Einfluss einer wie auch immer benannten Macht und eben einen Plan. Dies war für Popper eine zum Scheitern verurteilte teleologische Denkweise. Poppers Überlegungen allein waren aber nicht der Ausgangspunkt der heutigen Verwendung des Begriffs, sondern er war eine gewichtige Stimme unter denjenigen, die einen bestimmten Denkstil der sog. *social sciences* prägten: also das Auffinden von sozialen Kräften, die Entwicklungen, Ereignisse oder Zustände erklären, die nicht zu einer offensichtlichen Geschichte gehören. Wenn man so will ist dies auch die Entsprechung der Hermeneutik des Verdachts von Paul Ricoeur. Es mag zwar eine steile These von Andrew McKenzie-McHarg – aber auch von Boltanski (2013) – sein, dass dieser Zusammenhang zum Urgrund der Entstehung der *social sciences* gehört, aber beim Abarbeiten an Begriffen wie Klasseninteresse, Willen zur Macht oder dem Unbewussten soll es sich eben nicht um verschwörungstheoretisches Denken handeln (Angehrn, 2010). In diesem Sinn gebe es also die Smith'sche „invisible", aber nicht die „hidden" Hand (Pipes, 1998). Popper erwähnte auch, dass es sich bei seiner Bestimmung des Begriffs Verschwörungstheorie der Gesellschaft um einen Vulgärmarxismus handle, also um einen falsch verstandenen populär ausgelegten Marxismus. Heutzutage müsste man von einem Vulgärpostmodernismus sprechen: Jede Erzählung hat seinen Wert, ich glaube nur meinen Expert*innen und meinen Medien, es interessiert eigentlich nur, wer schöner lügt.

Das heißt nicht, dass Verschwörungserzählung ein unpassender Begriff ist, ich selbst ertappe mich dabei, ihn zu verwenden, aber er bezieht sich nur auf einen Teil des Phänomens Verschwörungstheorie, nämlich auf das Narrativ, nicht jedoch auf die visuelle Evidenz (McKenzie-McHarg, 2019b) oder die quasi-semiotische Deutung der Verschwörungszeichen (Aupers, 2020) bzw. die verschwörerische Zeichengestalt z. B. auf Twitter. Beim Letztgenannten handelt es sich viel eher um Verschwörungsgerüchte oder um den Aufruf, hinter die

Kulissen zu blicken. Erzählung heißt im Umkehrschluss auch, dass man von vornherein unterstellt, dass die Erzählung nicht faktual, sondern fiktional ist. Einzuschränken ist, dass dies von mir überspitzt dargestellt wird. Gerade Pia Lamberty ist eine wichtige Vertreterin einer neuen Beschäftigung mit Verschwörungstheorien, die bewusst das Thema ernst nimmt und es nicht als Minderheitenproblem abqualifiziert (Lamberty & Knäble, 2020). Trotzdem ist die Verwendung des Begriffs Verschwörungserzählung eigentlich eine Fortführung eines längst überwunden geglaubten Paradigmas in der Erforschung von Verschwörungstheorien.

2 Paranoia und Delegitimierung

Während Poppers Ausführungen sich vor allem auf die traumatischen Kriegserfahrungen stützten und damit stark auf europäisches Denken abzielten, entstand in den USA in der Nachkriegszeit eine neue Betrachtungsweise von Verschwörungstheorien. Sogenannte *konsensuale* Historiker und Politikwissenschaftler nahmen die Gefahr vor dem Verschwörungsdenken in ihren Blick und entwickelten einen neuen Ansatz, der bis heute eine große Wirkmacht aufweist. Insbesondere war es Richard Hofstadter, der Verschwörungstheorien in den 1960er-Jahren als „paranoid style" brandmarkte. Dabei bezog er sich im Übrigen stark auf Überlegungen Karl Mannheims (Hofstadter, 1965). Hofstadter verbannte das Verschwörungsdenken an den Rand der Gesellschaft und sprach von einem Minderheitenphänomen. Abgesehen von der Konsequenz, dass man Verschwörungstheorien von nun an mit Paranoia verband – was nicht Hofstadters Intention war: Er schrieb bewusst über einen paranoiden Denkstil – hatte sein Begriff auch gute

Folgen. Viele Studien folgten, die den verschwörungstheoretischen Denkstil in den Vordergrund rückten und klarstellten, dass das Verschwörungsdenken und Menschsein gerade in Krisensituation „normal" war und ist (Butter & Knight, 2019). Anton und Schetsche (2020) zeigten zuletzt luzide auf, dass sich die Denkweise „Verschwörungstheorien als Problem" auf Hofstadter zurückführen lässt. Aber nicht nur das: Sie machten des Weiteren deutlich, dass der Begriff Verschwörungstheorie pejorativ verwendet wird, indem damit gezeigt wird, was legitim und was eben eine Verschwörungstheorie ist. Dabei geht es um die Bestimmung, was gesellschaftliche Wirklichkeit ist bzw. was als legitimer Erklärungsansatz eines Ereignisses, eines Zustands oder einer Entwicklung aufzufassen ist. Bereits seit Längerem wird von Vertreter*innen der Wissenssoziologie vorgeschlagen, heterodoxe und orthodoxe Verschwörungstheorien voneinander zu unterscheiden. Heterodox bedeutet in diesem Sinn, dass eine Verschwörungstheorie nicht von der Mehrheit geteilt wird und dementsprechend als Problem oder Paranoia aufgefasst wird. Hierbei spielt der Begriff des „stigmatisierten Wissens" (Barkun, 2016) eine entscheidende Rolle. Orthodox heißt im Umkehrschluss, dass eine bestimmte Sichtweise von einer Mehrheit und bestimmter Medien als legitim angesehen wird (Anton, 2011). Die von Viktor Orban und seinen Parteikollegen in Ungarn konstruierte Soros-Verschwörungstheorie ist dementsprechend ein orthodoxer Wissensbestand. Die Geschichte des Verschwörungsdenkens zeigt eindrücklich, dass verschwörungstheoretisches Denken vor allem im so aufgeklärten 18. Jahrhundert stark ausgeprägt war und in der zweiten Hälfte des 20. Jahrhunderts immer mehr stigmatisiert und delegitimiert wurde (Thalmann, 2019). Das heißt, dass das Verschwörungsdenken in Westeuropa und in den USA von einem orthodoxen zu einem heterodoxen Wissen geworden ist (Butter, 2018). In der Pandemie sieht man diesen Konflikt durchaus: Viele Menschen weigern sich vehement dagegen, dass sie als Verschwörungstheoretiker*in bezeichnet werden, nur weil sie etwas anderes glauben, als einem die Regierung oder Medien vorsetzen. Viele Medien sehen in dieser Denkweise ein Problem. Es ist auch alles, aber nicht falsch, sich Sorgen darüber zu machen: Verschwörungstheorien können zu Gewaltanwendung führen, sie können Menschen dazu bringen, dass sie andere gefährden, sie können demokratische Systeme destabilisieren, sie können dazu führen, dass wissenschaftliche Erkenntnisse nicht anerkannt werden usw. Dementsprechend ist es ein Zwiespalt: Ja, es ist problematisch, immer von einem gesellschaftlichen Problem zu sprechen, aber ebenfalls ja, es kann nun einmal auch ein gesellschaftliches Problem sein (Compact, 2020).

3 Verschwörungstheoriepanik

Wenn man sich schon lange mit der Erforschung von Verschwörungstheorien beschäftigt, fällt in der Pandemie auf, dass ein durchaus wichtiger Diskurs gar nicht mehr erwähnt wird. Es gibt einen Zusammenhang zwischen Verschwörungstheoriepanik und Verschwörungspanik (Bratich, 2008). Es gibt also diejenige Seite, die sofort Verschwörungstheorie schreit, ohne zu hinterfragen. Und es gibt die andere Seite, die hinter den Kulissen und unter der Oberfläche immer Verschwörungen sieht. Beide Seiten schließen sich gegenseitig aus: Das ist im Kern das Schwarz-Weiß-Denken, das die eine Seite der anderen vorwirft. Sicherlich ist es richtig, aufeinander zuzugehen, um zu versuchen, im Gespräch zu bleiben. Ich warne jedoch davor, durch rhetorische Strategien eine „cure for conspiracy thinking" zu finden (Basham & Dentith, 2016). Nur weil man selbst glaubt, auf der guten Seite zu stehen, heißt das keineswegs, dass man, womöglich moralisch überhöht, die auf der anderen Seite kurieren kann.

Warum ist dies wichtig: Verschwörungstheoriepanik oder Verschwörungstheoriephobie können, wenn man Räikkä und Basham (2019) folgt, desaströse Konsequenzen haben: Dies kann erstens dazu führen, dass echte, reale Verschwörungen bzw. auch Korruption nicht als das wahrgenommen wird, was es ist. Es kann zweitens Wachsamkeit gegenüber bzw. gerechtfertigte Kritik an staatlichen Maßnahmen verhindern. Insbesondere wirft man ja häufig Medien in Verschwörungstheorien vor, dass sie gleichgeschaltet sind und im Sinn einer *„message control"* nichts mehr Kritisches von sich geben. Drittens könnten dadurch Intellektuelle zum Schweigen gebracht werden, weil man sich eben nicht mehr traut, etwas Deviantes zu äußern. Gerade der dritte Punkt ist problematisch: Hierbei geht es eben auch um die Frage, wer als Experte oder Expertin gelten darf und wer nicht. In der Pandemie hört man immer wieder, dass sog. Expert*innen mundtot gemacht werden. Aber handelt es sich hier um selbsternannte Expert*innen? Die Richtschnur sollte keineswegs von der Politik gelegt werden. Schlussendlich muss die *Scientific Community* darüber entscheiden, wer sprechen darf und wer nicht. Dass es hierbei natürlich auch um Machtkämpfe und Interessen geht, ist die Kehrseite der Medaille. Räikkä und Basham geht es schlussendlich darum, dass Verschwörungstheorien nicht von vornherein entplausibilisiert werden, sondern dass man sie nach wissenschaftlichen und damit möglichst objektiven Standards prüft.

4 Verschwörungstheorie – eine kleine Geschichte

Neben Poppers Bestimmung des Begriffs bzw. der sozialwissenschaftlichen Ablehnung ist darauf Bedacht zu nehmen, dass es noch drei weitere wichtige Verwendungsweisen im Sinn einer historischen Semantik gibt: Im 19. Jahrhundert verstand man erstens im englischsprachigen Raum darunter die Hypothese, dass kein Einzeltäter z. B. einen Mord verübt hat, sondern die Ermittler davon ausgingen, dass eine Verschwörung zum Mord geführt haben könnte. Der Begriff Verschwörungstheorie wurde hierbei von Journalisten verwendet und war eine Denkmöglichkeit zur Aufklärung eines Verbrechens, wenn man noch nicht wusste, was wirklich vorgefallen war. Es ist aber einzuschränken, dass laut den damaligen Journalisten immer schon Sensationalismus mitgeschwungen hat und eben nicht eine möglichst objektive Betrachtung (McKenzie-McHarg, 2019a).

Im deutschsprachigen Raum gibt es noch eine andere Bezugsdisziplin neben der Journalistik, nämlich die Kriminalistik, und damit das Recht. Dies steht, wie das obige Beispiel zeigt, in einem engen Zusammenhang. Hierbei beschäftigte sich eine Vielzahl von Rechtsgelehrten mit der sog. Komplotttheorie, also mit der Verschwörungstheorie, seit dem späten 18. Jahrhundert. Darunter verstand man etwas anderes als heutzutage, nämlich die rechtliche und wissenschaftliche Auseinandersetzung mit dem Begriff Komplott und auch die mögliche Bestrafung von Mittätern. Hierbei diskutierten Rechtsgelehrte über die Merkmale, vor allem den Plan, und das Strafausmaß im Hinblick auf eine Verschwörung (Lentner, 1870). Diese Wurzel ist aber wichtiger, als man zunächst meint, wie die folgende kurze Fallstudie illustriert: Wir schreiben das Jahr 1819, der Student Karl Ludwig von Sand ermordete den berühmten Schriftsteller August von Kotzebue. Die politische Reaktion darauf waren die sog. Karlsbader Beschlüsse Metternichs, die die Meinungsfreiheit praktisch vollkommen einschränkten, als radikal eingestufte Professoren mundtot machten sowie viele andere Konsequenzen hatten. Die Revolutionsangst, die damit in Verbindung stand, ist durchaus als orthodoxe Verschwörungstheorie zu bezeichnen (Reinalter, 1986). Viele Jahre später, in der zweiten Hälfte des 19. Jahrhunderts, stritten sich Historiker, wie man das Jahr 1819 und das Attentat interpretieren solle: „Verschwörung oder Einzeltat, planmäßige Vorbereitung eines Umsturzes oder Ausbruch individuellen Fanatismus […]" (Hermann, 1883, S. 574). Folgt man der offiziellen Erzählung, dann handelte es sich um eine Verschwörung, folgt man der alternativen Betrachtungsweise, dann ist die offizielle Erzählung eine Verschwörungstheorie. So wurde sie vom Historiker Hermann bezeichnet. Dieser weist nämlich darauf hin, dass, wenn es sich um eine Verschwörung gehandelt haben solle, es einen Plan und Mittäter geben müsse. Vielmehr müsse man auf folgende berühmte Passage aus dem Jahr 1824 Rücksicht nehmen: „Die im Jahr 1819 verfolgten geheimen hochverräterischen Verbindungen hätten damals wirklich noch gar nicht existiert […]" (Hermann, 1883, S. 592). Hermann beschäftigte sich jahrelang mit diesem Fall weiter. Vor allem die Schriften von Heinrich von Treitschke und dessen Epigonen waren ihm ein Dorn im Auge. Der Historiker bezeichnete sie als Anhänger der Verschwörungstheorie und damit als unhistorisch, da laut Hermann seit 1824 keine neuen Beweise, also historische Quellen, gefunden worden seien. Nun, Treitschke vertraute den Lebenserinnerungen eines 80-jährigen Greises, der viele Jahre danach von einer Verschwörung rund um

Karl Follen und eben Sand, die zur Ermordung geführt hatte, ausging. Hermann sprach dieser Quelle jegliche Glaubwürdigkeit ab, seiner Quellenkritik ist auch kaum etwas entgegenzuhalten. Es spielte in diesem Fall auch noch ein zweites Attentat eine Rolle, aber auch hier konnte Hermann eine Verschwörung als Grund ausschließen.

Das Wichtige an diesem Fallbeispiel ist neben der Betonung der (historischen) Quellenkritik die Rolle von Geschichte bzw. die Rolle der Motive oder unsichtbaren Kräfte, die die Geschichte steuern. So meinte ja schon Hofstadter: „The distinguishing thing about the paranoid style is not that its exponents see conspiracies or plots here and there in history [...] History *is* a conspiracy, set in motion [...]" (1965, S. 29). Richard J. Evans (2020) zeigte vor Kurzem des Weiteren auf, dass, neben der Ansicht, dass die Geschichte selbst eine Verschwörung ist, das Verschwörungsdenken im Modus „What if [...]" operiert: Was wäre wenn? Wenn Bill Gates wirklich schuld am Ausbruch der Krise wäre, dann würde ja ... usw. und so fort. Damit sind Verschwörungstheorien für Richard J. Evans eine extreme Form von *„counterfactual histories"* und bedingen, dass man alternative Geschichten generiert. Während es in diesem Fall noch darum ging, dass Treitschke die Metternich'sche Politik durch die Verschwörungstheorie bestätigte, findet man im nächsten Beispiel bereits die auch heutzutage häufig aufzufindende Infragestellung von staatlichen Akteuren durch ein Angebot von eben erwähnten alternativen Geschichten.

Drittens wird von Verschwörungsgläubigen, aber auch von Wissenschaftlern immer wieder darauf hingewiesen, dass die CIA selbst im Anschluss an die vielen Zweifel an der Einzeltätertheorie in Hinsicht auf die Ermordung Kennedys den Begriff in einem Dokument (CIA Dispatch 1035–906) aus dem Jahr 1967 erfunden habe. Dies ist falsch. Der Begriff wurde in diesem Dokument weder im Singular verwendet, noch wurde er definiert. Es handelt sich hierbei eben nicht um das Schlüsseldokument, das dazu führte, dass man den Begriff Verschwörungstheorie dazu benutzt, sog. stigmatisiertes Wissen zu unterdrücken. Es gibt zweierlei Vorwürfe in Hinsicht auf dieses Dokument: Erstens wird behauptet, dass die CIA den Begriff Verschwörungstheorie erfunden habe, damit nicht mehr nachgefragt werde. Zweitens wirft man der CIA vor, durch dieses Dokument aus dem Begriff Verschwörungstheorie eine Propagandawaffe gemacht zu haben. Beide diese Vorwürfe könnte man als Verschwörungstheorie bezeichnen (Butter, 2020c). Der wichtigste Proponent im wissenschaftlichen Sektor ist der Politikwissenschaftler DeHaven-Smith (2013). Dessen ungeachtet sollte aber die Kennedy-Ermordungs-Verschwörungstheorie uns allen Grund zum Nachdenken geben. Die Vorstellung, dass Kennedy eben nicht von Oswald ermordet wurde, war schon 1967 weit verbreitet und ist ein Massenphänomen in den USA geworden. Ungefähr 60 % der Amerikaner, wie Enders und Smallpage (2019) zeigen, glauben heutzutage nicht an die offizielle Erzählung. Das heißt im Übrigen nicht dringend, dass die Amerikaner*innen besonders verschwörungsgläubig sind, sondern dass das Verschwörungsdenken eine alles, aber nicht kleine politische Sicht der Dinge im Sinn einer Welterklärung außerhalb des tradierten Parteienspektrums darstellt. Die Trump'sche Erfahrung zeigt drei Aspekte auf: Erstens war Trump in der Lage, durch den gezielten Einsatz von Botschaften und Medien viele Verschwörungsgläubige zu erreichen, zweitens wurde er Präsident trotz aller Vorhersagen, die eben auf tradierten Modellen basierten, drittens zeigt sich aber auch deutlich, dass das bewusste Hochheben von Verschwörungstheorien zu einer starken

Polarisierung führen kann, die desaströse Effekte hatte und hat.

Des Weiteren ist die Zahl 60 % ein Indiz dafür, wie stark verbreitet zumindest der Glaube an eine Verschwörungstheorie ist und dass das Verschwörungsdenken wohl eine Art von anthropologischer Konstante ist (Raab et al., 2017).

5   Eine internationale Debatte?

International blickt man mit erhobener Augenbraue auf diesen deutschsprachigen Diskurs, der eher über die Medien als durch wissenschaftliche Arbeiten am Laufen gehalten wird. Es ist nämlich nach wie vor unproblematisch, den Begriff „conspiracy theory" zu verwenden, wenn man sich an die Merkmale von Michael Barkun (2013[2]) und anderen hält: Nichts ist, wie es scheint; alles ist miteinander verbunden; es gibt keine Zufälle. Dazu gesellt sich immer die geheime Macht im Hintergrund, das hyperrationale Festhalten an dem so schwierigen Begriff der Wahrheit und der Plan. Wichtig zu betonen sind noch zwei weitere Merkmale: Verschwörungstheorien stellen die Frage, wem etwas genutzt hat (cui bono?) und wollen aufzeigen, dass sich die Verschwörung gegen das Gemeinwohl richtet oder die Frage beantworten, warum guten Menschen Böses widerfährt (Groh, 2001).

Zurecht verwies Michael Butter in einem Zeitungsartikel (2020b) darauf, dass es in Wirklichkeit gar keine Debatte hinsichtlich des Begriffs gebe. Und trotzdem herrschen im deutschsprachigen Raum alternative Angebote vor.

Der Begriff Verschwörungsmythos wird in der Forschung und in der Gesellschaft leider nicht trennscharf verwendet:

Mit Cubitt (1989) verstehe ich darunter, dass sich eine Verschwörungstheorie, die eine zeitgenössische Erklärung eines Ereignisses, Zustands oder einer Entwicklung darstellt, verstetigt und sich über viele Jahre hält. Als Beispiel kann der Glaube an die Verschwörung der Illuminaten sicherlich als Verschwörungsmythos bezeichnet werden. Wenn man zeitgenössische Literatur oder Zeitungsartikel liest, dann wird Verschwörungsmythos verwendet, um aufzuzeigen, dass eine Theorie völlig unplausibel und ins Reich der Mythen zu verbannen ist. Gegen diese Verwendung des Begriffs spricht unter anderem Jan Assmanns Bestimmung von Mythos. Assmann (2012) verbindet mit Mythos ja auch das Positive, das Fundierende, das Sich-in-Sicherheit-wiegen-Können. Das läuft der Bestimmung des Begriffs, wie er heutzutage in Gebrauch ist, zuwider. Deshalb ist es auch durchaus problematisch, von Impfmythen zu sprechen. Wenn man sich in Verschwörungstheorien z. B. auf die Wakefield-Studie bezieht und diesen Behauptungen folgt, obwohl sie schon lange widerlegt sind, dann könnte man von einem Mythos sprechen. Ansonsten sind es eher Fehlinformationen oder kanalisierte Ängste.

Des Weiteren ist auch der Begriff Verschwörungsideologie in Verwendung. Dabei wird unterstellt, dass Verschwörungsideolog*innen einem geschlossenen Weltbild folgen und alle anderen Weltsichten ausschließen. Gleichzeitig wird von außen festgelegt, dass diese Verschwörungsideolog*innen eben ideologisch handeln, aber diejenigen, die den Begriff festgelegt haben, nicht. Wenn man es mit stark überzeugten Verschwörungstheoretiker*innen zu tun hat, kann man den Begriff durchaus verwenden. Er passt aber auch, wenn man die zeitgenössische ungarische Politik charakterisieren wollen würde (Pfahl-Traughber, 2002). Gänzlich ungeeignet ist der Begriff im Hinblick auf Menschen, die Verschwörungstheorien interessant finden oder eine gewisse

Sympathie für eine bestimmte hegen. Alle 60 % der Amerikaner*innen, die an eine alternative Erklärung hinsichtlich der Kennedy-Ermordung glauben, als Ideolog*innen zu bezeichnen, hilft niemandem weiter.

Was soll eigentlich so falsch am Begriff Verschwörungstheorie sein? Karl Hepfer (2015) verweist instruktiv auf einen sehr spannenden Punkt: Das Ziel einer Theorie ist es, uns eine Weltsicht zu liefern, eine Perspektive oder ein Paradigma. Die Theorie soll, auch wenn man das manchmal gar nicht mitbekommt, die Welt so einfach wie möglich erklären bzw. ein Modell liefern. Wir nehmen zum Beispiel an, dass der Ursprung der Coronapandemie eine Zoonose in China war. Die Mehrheit der Menschen nimmt offensichtlich nicht an, dass der Ursprung irgendetwas mit 5G zu tun hat. Dies heißt im Umkehrschluss, dass nicht „Theorie" das Problem ist, sondern eigentlich „Verschwörung", also der erste Teil. Es geht also vielmehr darum, was wir bereit zu glauben sind. Glauben wir, dass eine Verschwörung der Auslöser war oder nicht? Und noch einmal: Wir befinden uns hier vielmehr im Bereich des Glaubens, im Bereich der alternativen Weltentwürfe und gar nicht so sehr im Modus der faktisch begründeten „Wahrheit". Man will ja eine eigene Wahrheit etablieren, mit anderen Fakten und anderen Expert*innen. Man will Geschichte eben als Verschwörung deuten und nicht der Geschichte ausgesetzt sein. Deshalb ist auch die Bezeichnung Verschwörungsgläubige für die Anhänger*innen von Verschwörungstheorien zielführend und treffend. Wenn es eine Debatte gibt, dann übrigens im Hinblick auf diese Bezeichnung: Hierbei geht es um den Unterschied zwischen Verschwörungstheoretiker und Verschwörungsgläubiger. Es wäre nämlich verfehlt, denjenigen als Verschwörungstheoretiker zu bezeichnen, der schlussendlich nur an eine Theorie glaubt und bestimmte Inhalte konsumiert, ohne sie selbst zu entwerfen. Welche

Bezeichnung bliebe dann für denjenigen, der eine Verschwörungstheorie konstruiert und eben den Inhalt nicht nur geteilt hat (Douglas et al., 2019)?

6 Über die zwei Seiten

Das Denken in zwei Seiten oder diese Annahme, dass es die gute Seite gibt, hatte und hat reale Konsequenzen. Trump und vor allem seine Berater wussten offensichtlich sehr gut, wie sie diese Seiten gegeneinander ausspielen konnten. Trumps Rhetorik zeichnet sich durch eine strategische Offenheit oder durch eine kalkulierte Ambivalenz aus (Butter, 2020a; Engel und Wodak, 2012). Bei den Ausschreitungen und Demonstrationen in Charlottesville 2017 mit all ihren dramatischen Folgen gab Trump in einem Interview bezüglich seines Nichteinschreitens zu Protokoll, dass es „very fine people" auf beiden Seite gebe (Drobnic Holan, 2019). Damit ebnete er den Weg für viele Denkweisen, die wir heute in der Pandemie sehen.

Das Jahr 2017, um auf den Ausgangspunkt meiner Überlegungen zurückzukommen, wird auch als Beginn der QAnon-Bewegung angesehen. QAnon an sich ist eigentlich keine Verschwörungstheorie, sondern vielmehr eine pseudoreligiöse Bewegung. Sie folgt der Offenbarung des Q, die sich offensichtlich auf eine Verschwörung bezieht. Man unterstellt aber gar nicht so sehr der anderen Seite, dass sie einem Plan folgt, sondern man soll als Anhänger selbst Qs Plan folgen.

Die *„lab leak theory"* wurde gerade von einer Expert*innenkommission der WHO (2021) in ihrer Untersuchung des Ursprungs der Coronapandemie als unplausibel kategorisiert, aber sie darf laut dem Generalsekretär der WHO nach wie vor als eine Hypothese und eben nicht als Verschwörungstheorie gelten. Wenn man einmal alle politischen Störgeräusche wegschaltet, handelt es sich hierbei um eine Hypothese bezüglich einer Möglichkeit des Ausbruchs des Virus, die von einigen Wissenschaftler*innen zumindest als Denkanstoß gesehen wird. Dies ist sicherlich nicht der wissenschaftliche Konsens und sollte auch nicht allzu viel Raum bekommen. Streng genommen handelt es sich aber nicht um eine Verschwörungstheorie, da es den Akteuren zunächst nicht darum geht, einen Plan zu unterstellen. Man geht von einem Unfall aus. Das mögliche verschwörungstheoretische Element ist die Unterstellung, dass die chinesische Regierung dies bewusst verschleiert. Die extreme Form und eine klare Verschwörungstheorie ist, dass das Virus eine Biowaffe darstellt, die bewusst kreiert wurde. Diese *„lab leak theory"* wurde bereits zu Beginn des Jahres 2020 von führenden Virolog*innen als Verschwörungstheorie bezeichnet (Calisher et al., 2020). Unterstützt wurde deren Argument medial vor allem damit, dass eigentlich nur Virologen über Virologisches schreiben und sprechen sollten. Demgemäß hätten aber diese Virologen die Hypothese nicht zur Verschwörungstheorie erklären dürfen, da sie keine Experten in der Verschwörungstheorieforschung sind. Eine Frage in diesem Zusammenhang ist sicherlich auch, welche Rolle Geheimdienste in solchen Prozessen spielen. Gerade bei der *„lab leak theory"* wurde deutlich, dass diese auch von Repräsentanten des amerikanischen Geheimdiensts zumindest unterstützt wurde (Lang, 2021). Der Zusammenhang zwischen Verschwörung, Verschwörungstheorie, Geheimnis und Geheimdienst ist noch etwas unklar, auch wenn es bereits Studien gibt, diesen zu deuten (Schink, 2020).

7 Ein Denkanstoß, kein Fazit in Sicht

Verschwörungstheorien sind falsch, meinte schon Popper. Sie sind falsch, da sie die Geschichte selbst auf einen Plan von Akteuren reduzieren, und damit wäre Geschichte nichts anderes als der Ablauf von verschiedenen Verschwörungen. Verschwörungstheorien aber ex ante als falsch zu bezeichnen, wäre ein großer Fehler, weil dadurch Tür und Tor geöffnet wird, um Kritiker*innen zu diffamieren. Wir sollten übrigens gar nicht so viel danach fragen, was falsch an Verschwörungstheorien ist, indem wir sie durch Begriffe wie Erzählung oder Mythos bereits von vornherein entplausibilisieren, sondern uns vielmehr die Frage stellen, wie in diesen Theorien Plausibilitäten hergestellt werden. Matthias Flatscher und Sergej Seitz (2018) haben aufgezeigt, dass die Ansätze Bruno Latours und Michel Foucaults dabei helfen können, im postfaktischen Zeitalter den Richtig-oder-Falsch-Diskurs zu umgehen. Latours Forderung (2007) von den *„matters of fact"* wegzukommen, um *„matters of concern"* zu untersuchen, ist im Zusammenhang dieses Texts durchaus interessant: In der Pandemie erleben wir alle ein Ausrichten einer ganzen Gesellschaft an Zahlen und Modellen, um ein gewisses Maß an Kontrolle und Disziplinierung gewährleisten zu können. Die Verschiebung hin zu den *„matters of concern"* nimmt aber auch die gesellschaftliche Ablehnung dieser Modelle in den Blick und verschiebt die Perspektive hin zu den Protesten und den Verschwörungstheorien. Wenn man so will, hört man auf das Rauschen des Diskurses. Foucault nannte dies einmal eine Auseinandersetzung mit „Problematisierungen". Hierbei sind folgende Fragen zu stellen: Wie und warum wurden so unterschiedliche Antworten auf die Krise wie die *„lab leak theory"* und QAnon als Verschwörungstheorie bezeichnet? Welches sind die für diese Problematisierung relevanten Elemente? (Foucault, 2008) Es geht also darum, das Machtspiel zwischen den beiden Seiten zu verschieben, um offenzulegen, wer (mit wem), wie, wann, wo, warum usw. zu (wissenschaftlichen) Erkenntnissen gekommen ist. Lassen sich die Behauptungen und Beweise überprüfen, welche Quellen wurden verwendet und was wurde nicht gesagt? Verschwörungstheorien fordern uns nicht zuletzt dazu heraus, unsere Gewissheiten zu überprüfen und über die „Gründe des Vertrauens", wie es der Philosoph Hepfer (2015) nennt, nachzudenken.

Literatur

Angehrn, E. (2010). *Sinn und Nicht-Sinn. Das Verstehen des Menschen.* Mohr Siebeck.
Anton, A (2011). *Unwirkliche Wirklichkeiten. Zur Wissenssoziologie von Verschwörungstheorien.* Perilog.
Anton, A., & Schetsche, M. (2020). Vielfältige Wirklichkeiten. Wissenssoziologische Überlegungen zu Verschwörungstheorien. *Zeitschrift für Diskursforschung, 4,* 88–115.
Assmann, J. (2012). Leben im Mythos. In K. Sonntag (Hrsg.), *Heidelberger Profile. Herausragende Persönlichkeiten berichten über ihre Begegnungen mit Heidelberg* (S. 9–30). Universitätsverlag Winter.
Aupers, S. (2020). Decoding mass media/encoding conspiracy theory articles. In M. Butter & P. Knight (Hrsg.), *Routledge handbook of conspiracy theories* (S. 469–482). Routledge.
Barkun, M. (2013). *A culture of conspiracy: apocalyptic visions in contemporary America* (2. Aufl.). University of California Press.
Barkun, M. (2016). Conspiracy theories as stigmatized knowledge. *Diogenes, 1–7,.* https://doi.org/10.1177/0392192116669288
Basham, L., & Dentith, M. R. X. (2016). Social science's conspiracy-theory panic: Now they want to cure everyone. *Social Epistemology Review and Reply Collective, 5*(10), 12–19.

BBC. (2020). Coronavirus: Trump stands by China lab origin theory for virus. https://www.bbc.com/news/world-us-canada-52496098. Zugegriffen: 23. Apr. 2021.

Boltanski, L. (2013). *Rätsel und Komplotte: Kriminalliteratur, Paranoia, moderne Gesellschaft.* Suhrkamp.

Bratich, J. Z. (2008). *Conspiracy panics: Political rationality and popular culture.* SUNY.

Butter, M. (2018). Nichts ist, wie es scheint. Über Verschwörungstheorien. Suhrkamp.

Butter, M. (2020a). Antisemitische Verschwörungstheorien in Geschichte und Gegenwart. https://www.bpb.de/politik/extremismus/antisemitismus/321665/antisemitische-verschwoerungstheorien. Zugegriffen: 11. März 2021.

Butter, M. (28. Dezember 2020b). Nennt sie beim Namen! *Zeit Online.* https://www.zeit.de/gesellschaft/2020-12/verschwoerungstheorien-corona-krise-wort-des-jahres-2020. Zugegriffen: 11. März 2021.

Butter, M. (2020c). There's a conspiracy theory that the CIA invented the term 'conspiracy theory' – Here's why. https://theconversation.com/theres-a-conspiracy-theory-that-the-cia-invented-the-term-conspiracy-theory-heres-why-132117. Zugegriffen: 11. März 2021.

Butter, M., & Knight, P. (2019). The history of conspiracy theory research. A review and commentary. In J. E. Uscinski (Hrsg.), *Conspiracy theories and the people who believe them* (S. 33–52). Oxford University Press.

Calisher, C., Carroll, D., Colwell, R., Corley, R. B., Daszak, P., & Drosten, C., et al. (2020). Statement in support of the scientists, public health professionals, and medical professionals of China combatting COVID-19. https://doi.org/10.1016/S0140-6736(20)30418-9.

Compact education group. (2020). Guide to conspiracy theories. https://conspiracytheories.eu/_wpx/wp-content/uploads/2020/03/COMPACT_Guide-2.pdf. Zugegriffen: 11. März 2021.

Cubitt, G. T. (1989). Conspiracy myths and conspiracy theories. *Journal of the Anthropological Society of Oxford, 20*(1), 12–26.

DeHaven Smith, L. (2013). *Conspiracy theory in America*. University of Texas Press.
Douglas, K. M., Uscinski, J. E., Sutton, R. M., Cichocka, A., Nefes, T., Ang, C. S., & Deravi, F. (2019). Understanding conspiracy theories. *Political Psychology, 40*(Suppl 1), 3–35. https://doi.org/10.1111/pops.12568
Drobnic Holan, A. (2019). In context: Donald Trump's 'very fine people on both sides' remarks (transcript). https://www.politifact.com/article/2019/apr/26/context-trumps-very-fine-people-both-sides-remarks. Zugegriffen: 10. März 2021.
Enders, A. M., & Smallpage St, M. (2019). Polls, plots, and party politics: Conspiracy theories in contemporary America. In J. E. Uscinski (Hrsg.), *Conspiracy theories and the people who believe them* (S. 298–318). Oxford University Press.
Engel, J., & Wodak, R. (2012). „Calculated ambivalence" and Holocaust Denial in Austria. In R. Wodak & J. E. Richardson (Hrsg.), *Analysing fascist discourse: European fascism in talk and text* (S. 73–96). Routledge.
Evans, R. J. (2020). *The Hitler conspiracies. The third Reich and the paranoid imagination*. Allen lane.
Flatscher, M. & Seitz, S. (2018). „Latour, Foucault und das Postfaktische: Zur Rolle und Funktion von Kritik im Zeitalter der ‚Wahrheitskrise'". *Le foucaldien, 4*(1), 1–30. https://doi.org/10.16995/lefou.46.
Foucault, M. (2008). *Diskurs und Wahrheit: Die Problematisierung der Parrhesia Berkley-Vorlesungen 1983*. Merve.
Groh, D. (2001). Verschwörungstheorien Revisited. In U. Caumanns & M. Niendorf (Hrsg.), *Verschwörungstheorien: Anthropologische Konstanten – Historische Varianten* (S. 187–196). Fibre.
Hepfer, K. (2015). *Verschwörungstheorien. Eine philosophische Kritik der Unvernunft*. transcript.
Hermann, J. (1883). Zur Kritik der Nachrichten über die Attentate von 1819. In Historische Commission bei der königlichen Akademie der Wissenschaften (Hrsg.), *Forschungen zur Deutschen Geschichte* (Bd. 23, S. 572–592). Verlag der Dieterich'schen Buchhandlung.

Hofstadter, R. (1965). The paranoid style in American politics. In R. Hofstadter (Hrsg.), *The paranoid style in american politics and other essays* (S. 3–40). Harvard University Press.

Lamberty, P., & Knäble, J. (2020). CIA, HIV und BRD GmbH – Die Psychologie der Verschwörungstheorie. *Zeitschrift für Diskursforschung, Beiheft, 4*, 32–56.

Lang, F. (2021). CIA not ruling out lab leak theory for COVID-19 outbreak. https://interestingengineering.com/cia-not-ruling-out-lab-leak-theory-for-covid-19-outbreak. Zugegriffen: 23. Apr. 2021.

Latour, B. (2007). *Das Elend der Kritik. Vom Krieg um Fakten zu Dingen von Belang.* Diaphanes.

Lentner, F. (1870). *Das Komplott. Ein Beitrag zur Vorverständigung zum Verbrechen.* Braumüller.

McKenzie-McHarg, A. (2019a). Conspiracy theory the nineteenth-century prehistory of a twentieth-century concept. In J. E. Uscinski (Hrsg.), *Conspiracy theories and the people who believe them* (S. 62–81). Oxford University Press.

McKenzie-McHarg, A. (2019b). Experts versus eyewitnesses or, how did conspiracy theories come to rely on images? *Word & Image, 35*(2), 141–158.

McKenzie-McHarg, A. (2020). Conceptual history and conspiracy theory. In M. Butter & P. Knight (Hrsg.), *Routledge handbook of conspiracy theories* (S. 16–27). Routledge.

Nocun, K., & Pia, L. (2020). *Fake facts. Wie Verschwörungstheorien unser Denken bestimmen.* Quadriga.

Pfahl-Traughber, A. (2002). Bausteine zu einer Theorie über Verschwörungstheorien: Definition, Erscheinungsformen, Funktionen und Ursachen. In H. Reinalter (Hrsg.), *Verschwörungstheorien: Theorie – Geschichte – Wirkung* (S. 30–44). Studienverlag.

Pipes, D. (1998). *The hidden hand. Middle east fear of conspiracy.* St. Martin's Press.

Raab, M., Carbon, C.-Ch., & Muth, C. (2017). *Am Anfang war die Verschwörungstheorie.* Springer.

Räikkä, J., & Basham, L. (2019). Conspiracy theory phobia. In J. E. Uscinski (Hrsg.), *Conspiracy theories and the people who believe them* (S. 168–178). Oxford University Press.

Reinalter, H. (1986). Revolution und Verschwörungstheorie in Briefen und Berichten Metternichs. Innsbrucker Historische Studien, 9, S. 115ff.

Reuters. (2020). Trump says he doesn't know much about QAnon but has heard it likes him. https://www.reuters.com/article/us-usa-trump-qanon-idUSKCN25F2SI. Zugegriffen: 23. Apr. 2021.

Schink, A. (2020). *Verschwörungstheorie und Konspiration. Ethnographische Untersuchungen zur Konspirationskultur*: Springer.

Thalmann, K. (2019). *The stigmatization of conspiracy theory since the 1950s: "A plot to make us look foolish"*. Routledge.

Walker, J. (2019). What we mean when we say "conspiracy theory". In J. E. Uscinski (Hrsg.), *Conspiracy theories and the people who believe them* (S. 53–61). Oxford University Press.

WHO Team. (2021). WHO-convened global study of origins of SARS-CoV-2: China part. WHO-China study 14 January-10 February 2021. Joint Report. https://www.who.int/publications/i/item/who-convened-global-study-of-origins-of-sars-cov-2-china-part. Zugegriffen: 23. Apr. 2021.

Claus Oberhauser ist Professor für Geschichtsdidaktik und Politische Bildung an der Pädagogischen Hochschule Tirol und ist Lehrbeauftragter an der Universität Innsbruck. Er beschäftigt sich in seinen Forschungen aus unterschiedlichen Perspektiven mit dem Phänomen „Verschwörungstheorien". Ein besonderer Fokus liegt hierbei auf historische und didaktische Herangehensweisen. Insbesondere die verschwörungstheoretischen Deutungen der Französischen Revolution haben es ihm angetan. Er war Mitglied der COST-Action „Comparative Analysis of Conspiracy Theories". In diesem Projekt beschäftigten sich über 150 Wissenschaftler*innen interdisziplinär mit Verschwörungstheorien. Daraus entstanden mehrere wichtige Publikationen. Hervorzuheben ist hierbei das „Routledge Handbook of Conspiracy Theories" (2020), das von Michael Butter und Peter Knight herausgegeben wurde.

Gesundheitspsychologische Überlegungen zu Fake News und Verschwörungserzählungen

Sina Klaß und Sebastian Bartoschek

1 Aktuelle und einleitende Gedanken zur Thematik

Was einmal gedacht wurde, kann nicht mehr zurückgenommen werden. So verhält es sich nicht nur – wie in Dürrenmatts literarischem Werk *Die Physiker* (1962) dargestellt – mit wissenschaftlich fundierten Erkenntnissen und ihren Auswirkungen, sondern auch mit ihren absoluten Antagonisten, den Verschwörungserzählungen und Fake News.

S. Klaß (✉) · S. Bartoschek
Institut für Psychologische Dienstleistungen, Herne, Deutschland
E-Mail: kontakt@institut-bartoschek.de

S. Bartoschek
E-Mail: kontakt@institut-bartoschek.de

© Der/die Autor(en), exklusiv lizenziert durch Springer-Verlag GmbH, DE, ein Teil von Springer Nature 2021
M. C. Bauer und L. Deinzer (Hrsg.), *Zwischen Wahn und Wahrheit*,
https://doi.org/10.1007/978-3-662-63641-1_4

Besonders in der gegenwärtigen Situation einer Pandemie (s. Info-Box 1), in der sich die Welt seit Ende 2019/Anfang 2020 befindet, scheinen sich Verschwörungserzählungen und Fake News unabhängig von Wohnort, sozialer Schicht oder individueller Lebenslage rasant zu verbreiten.

> **Info-Box 1**
>
> **Epidemie**: Zunahme von Fällen einer Krankheit über einen zu erwartenden Schwellenwert hinaus; der Anstieg ereignet sich in einer bestimmten Region oder Bevölkerung innerhalb eines definierten Zeitraums.
>
> **Endemie**: Fortwährendes (immer wieder oder dauerhaftes) gehäuftes Auftreten von Fällen einer Krankheit in einer bestimmten Region oder Bevölkerung; eine Infektion ist in einer definierten Population mit stabiler Rate präsent.
>
> **Pandemie**: Epidemie, die sich über die ganze Welt oder zumindest über mehrere Kontinente hinweg ausbreitet.
> (Wandeler et al., 2018).

Mit dem Aufkommen des Virus SARS-CoV-2 („severe acute respiratory syndrome coronavirus type 2"), der daraus resultierenden Erkrankung COVID-19 (Coronavirus Disease 2019) und seiner immensen Verbreitung über die ganze Welt nimmt der Glaube an Verschwörungserzählungen und die Verbreitung von Fake News mutmaßlich eine neue Dimension an. Hier zeigt sich, dass vor allem gesundheitsbezogene Themen eine enge Verzahnung zu Verschwörungserzählungen und Fake News aufweisen und ihre Auswirkungen zu massiven gesellschaftlichen Veränderungen führen können. Diese gesellschaftlichen Veränderungen zeigen sich in einer immer weiter wachsenden Spaltung zwischen Wissenschaft und Verschwörungsglauben, zwischen politischer Berichterstattung und „alternativen" Medien und auch dem alltäglichen Diskurs, in dem häufig nicht mehr auf wissenschaftlich fundierte Erkenntnisse fokussiert wird und in dem der Glaube an derartige Verschwörungserzählungen zur Gefährdung weiter Teile der Bevölkerung führt (z. B. bei der Verweigerung von Coronaschutzmaßnahmen im Sinn des Infektionsschutzes der Bevölkerung) und mitunter in gewaltsamen und demokratiefeindlichen Bestrebungen und Handlungen mündet (s. hier vor allem der Versuch der Erstürmung des Reichstags am 30.08.2020).

Die scheinbare Verkettung von Gesundheitsthemen und Verschwörungserzählungen bzw. Fake News, die sich in der pandemischen Lage zeigt, gab es bereits zuvor, jedoch wurde sie augenscheinlich häufig in ihrer Brisanz und Gefährlichkeit unterschätzt.

Dieser Beitrag soll nun eine grundsätzliche Übersicht zu der Thematik geben und die gesundheitswissenschaftliche Schnittstelle als sinnvollen Ansatz darstellen. Außerdem soll die Frage erörtert werden, warum gerade Gesundheitsthemen so stark unter Verschwörungserzählungen verbreitet sind, welche möglichen psychischen Mechanismen hinter dem Hang zu Verschwörungserzählungen stehen könnten und welche Handlungsmöglichkeiten sich auf Bevölkerungsebene daraus ableiten lassen.

2 Definitorische Aspekte von Verschwörungstheorien, Verschwörungserzählungen und Fake News

Unter einer Verschwörungstheorie versteht man jeden Versuch, ein Ereignis, einen Verlauf oder einen Zustand durch das zielgerichtete heimliche Wirken einer Gruppe von Personen zu erklären, wobei eine Gruppe immer mindestens zwei Personen umfasst. Sogenannte Verschwörungstheoretiker als Anhänger einer spezifischen Verschwörungstheorie erleben das vermutete heimliche Handeln der Gruppe als illegal oder illegitim und gehen dabei von einer Einwilligung der Protagonisten zur Verschwörung aus (Bartoschek, 2017).

Allerdings ist der Begriff der Verschwörungstheorie selbst in den letzten Jahren Gegenstand wissenschaftlichen Diskurses geworden. Kritiker benennen, dass eine Theorie zumeist als wissenschaftliches Denkgebäude mit der Möglichkeit der Falsifikation verstanden wird (Popper, 2002). Demgegenüber schlagen sie die Begriffe wie den der Verschwörungserzählung oder des Verschwörungsmythos vor, um die fehlende wissenschaftliche Fundierung zu betonen (Amadeu Antonio Stiftung, 2020). Dem folgend wird in diesem Beitrag der Begriff der Verschwörungserzählung gewählt, wobei die oben benannte Arbeitsdefinition analog zugrunde gelegt wird.

Der Glaube an und das Zustimmen zu einer Verschwörungserzählung ist nicht – wie häufig unterstellt – der Ausdruck einer klinisch relevanten Störung. Vielmehr gilt festzuhalten, dass es psychische Erkrankungen gibt, die einen Verschwörungsglauben beinhalten, aber die meisten sog. Verschwörungstheoretiker eben nicht krank sind (Klaß und Bartoschek, 2020).

Dieser Verschwörungsglauben und das Kennen und etwaige Zustimmen zu einer Verschwörungserzählung ist kein Randgruppenphänomen (Bartoschek, 2017). Daraus resultiert, dass jeder Mensch in einem durchschnittlichen Maß an Verschwörungserzählungen glaubt.

Gleichwohl es von hier Überschneidungen zum Begriff der Fake News gibt, sind diese von Verschwörungserzählungen abzugrenzen: Fake News sind gezielt gefälschte

Meldungen, die die Absicht haben, den Leser zu lenken, sei es in eine politische Richtung oder zum Kauf (oder eben Nichtkauf) eines Produkts/einer Marke (Götz-Votteler & Hespers, 2019). Die Abgrenzung von Verschwörungserzählungen zu Fake News ist dabei nicht immer klar und kann ineinander übergehen und sich gegenseitig begünstigen. Dabei kommt aber die Verschwörungserzählung ohne eine entsprechend sich nachrichtlich gebende Meldung aus, ebenso wie Fake News nicht immer auf den ersten Blick erkennbar Verschwörungserzählungen bedienen, gleichwohl sie dies können.

3 Verschwörungserzählungen und Fake News im Gesundheitsbereich

Wie bereits eingangs erwähnt, scheinen gerade gesundheitsbezogene Themen einen geeigneten Nährboden für Verschwörungserzählungen und Fake News zu bieten, wobei letztere sich dann rasant verbreiten und hartnäckig halten können.

Dabei gibt es einige relativ bekannte Verschwörungserzählungen, die sich mit Gesundheitsthemen beschäftigen:

Beispielhaft sind Verschwörungserzählungen zu nennen, nach denen HIV/AIDS als gezielte Waffe gegen eine angebliche Überbevölkerung seitens der US-amerikanischen Regierung erfunden wurde (z. B. Heller, 2015), oder dass Krebserkrankungen Ausdruck einer jüdischen Schulmedizin seien, die letztlich bezweckt, Profit zu maximieren und den einzelnen Menschen krank zu machen, anstatt ihm zu helfen.

Letzteres bietet starke Anknüpfungspunkte zu rechtsextremen und antisemitischen Milieus, so in der sog. Germanischen Neuen Medizin nach Ryke Geerd Hamer. Eine Verquickung rechtsextremen und antisemitischen Gedankenguts zeigte sich auch auf vielen Anti-Corona-Demonstrationen im Jahr 2020, bei denen sich gezielt Personen mit nationalistischen Gesinnungen unter eine breite Masse von Demonstranten mischten (Steffen & Wildschutz, 2020).

Pandemien und Epidemien scheinen schon immer den Glauben an Verschwörungserzählungen genährt zu haben, samt eines Bilds der „Anderen", die – vereinfacht gesprochen – angeblich bewusst oder unbewusst eine Infektionswelle auslösen und als Sündenbock herhalten müssen. Dies ist beispielsweise geschehen bei der H1N1-Influenza-Pandemie im Jahr 2009 oder beim Zika-Virus-Ausbruch im Jahr 2015 in Brasilien, bei denen vor allem pharmazeutische Unternehmen in den Blick der Verschwörungserzählungen gerieten und der Glaube aufkam, es handle sich um gezielt gesteuerte Ausbrüche durch eben diese oder andere einflussreiche Personen – letztlich mit dem Ziel der Formung einer „Neuen Weltordnung" (Smallman, 2015, 2018).

In der jetzigen Pandemie zeigen sich zudem speziell in Deutschland Überschneidungen zu bereits seit Jahren existierenden Verschwörungserzählungen rund um das Thema Impfen, das daher mehr denn je einer akuten Auseinandersetzung bedarf. Hier geht es vor allem um Impfgegner, deren massive Ablehnung von Impfkampagnen auf einem Verschwörungsglauben bezüglich der Pharmaindustrie beruht (Bartoschek, 2017).

Dennoch sei an dieser Stelle auch erwähnt, dass nicht jede Epidemie oder Pandemie zu einer Spaltung der Gesellschaft oder zu gewaltsamen Ausbrüchen führen muss, wie wir es in den letzten Monaten der

COVID-19-Pandemie erlebt haben. Die gesellschaftlichen Auswirkungen einer solchen Extremlage ist von vielen komplexen Faktoren beeinflusst und kann auch zu kollektivem Zusammenhalt und Solidarität führen (Cohn, 2012).

Unabhängig von der derzeit vorherrschenden COVID-19-Pandemie gibt es aber auch weit weniger verbreitete, aber dennoch potenziell schädliche Verschwörungserzählungen in Bezug zum Thema Gesundheit.

Als Beispiel könnte man hier den Glauben an und die Verbreitung von Fake News in Bezug zu sog. Miracle Mineral Supplement (MMS) anführen:

MMS verspricht dem Anwender als eine Art Wundermittel gegen alle möglichen Krankheiten zu fungieren. Die Liste der Heilversprechen ist lang: AIDS, Hepatitis, Herpes, mannigfaltige Formen und Arten von Krebserkrankungen und andere ernstzunehmende Erkrankungen, die einer fachmännischen medizinischen Diagnostik und Heilbehandlung bedürfen – und neuerdings auch COVID-19. Tatsächlich besteht MMS aus Natriumchlorid und kann bei einer unbedachten Anwendung zu ernsthaften Schädigungen führen; Evidenzen für eine Wirksamkeit sind nicht vorhanden (Müller, 2019). Dennoch scheint der Markt groß zu sein und so werden viele Verbraucher gefunden, die unbedarft ein solches „Medikament" einnehmen.

Ein anderes Beispiel für Fake News, die eng mit einer Verschwörungserzählung verknüpft sind, ist die angebliche Heilkraft der Grünen Spanalgen *(Aphanizomenon flos-aquae),* besser bekannt als AFA-Alge. Bereits um die Jahrtausendwende wurden Warnungen vom Bundesinstitut für Arzneimittel und Medizinforschung (BfArM) sowie des Bundesinstituts für gesundheitlichen Verbraucherschutz und Veterinärmedizin (BgVV) ausgesprochen: Die vielfältig zugeschriebenen Wirkungen – so gegen Herpes,

Grippe, Krebserkrankungen, aber auch gegen Depressionen und hyperkinetische Störungen bei Kindern und Jugendlichen – sind nicht wissenschaftlich belegt. Eine toxische Wirkung in Form einer Schädigung des Nervensystems kann nicht ausgeschlossen werden (Bundesinstitut für Risikobewertung, 2002).

Dies tut allerdings der Verbreitung der Fake News zur Wirksamkeit der AFA-Algen keinen Abbruch, insbesondere in Kontexten, in denen der Verkauf von AFA-Algen angeboten wird (z. B. Berger, 2015 oder Rehberg, 2020b).

Aus diesen Fake News wird dann eine Verschwörungserzählung, wenn ein Zusammenhang dazu hergestellt wird, dass eben jene vermeintliche Wirkung der AFA-Algen auf Betreiben der Pharmaindustrie „diffamiert wird" (Rehberg, 2020a).

4 Definitorische Aspekte zu Gesundheitswissenschaften und Public Health

Auf Basis der Erkenntnis, dass das Thema Gesundheit eng verquickt ist mit Verschwörungserzählungen bzw. Fake News, stellt sich die Frage, mit welcher Fachwissenschaft womöglich Lösungsansätze entwickelt werden könnten, um der weiteren Ausbreitung von gesundheitsbezogenen Verschwörungserzählungen und Fake News in der Bevölkerung entgegen zu wirken. Hier sind es die Gesundheitswissenschaften, die durch ihre multidisziplinäre und somit ganzheitliche Betrachtung gerade Gesundheitsphänomene analysieren können und müssen.

Die Gesundheitswissenschaften befassen sich mit den förderlichen und schädlichen Faktoren, die die

Bevölkerungsgesundheit beeinflussen, und umfassen Fachgebiete wie der Epidemiologie, der Biostatistik, den unterschiedlich ausgerichteten Forschungsfeldern der empirischen Sozialforschung und vor allem auch beispielhaft die wissenschaftlichen Bereiche der Psychologie, der Soziologie oder Gesundheitssystemforschung (Razum & Kolip, 2020). Ihre Interdisziplinarität macht es den Gesundheitswissenschaften möglich, die im vorliegenden Beitrag fokussierten Themen (gesundheitsbezogene Verschwörungserzählungen und Fake News und ihre Verbreitung in der Bevölkerung) vollumfänglich zu betrachten. Zwar fokussiert sich dieser Beitrag eben auf (gesundheits-)psychologische Aspekte von Verschwörungserzählungen, aber er schafft auch einen erweiterten Blick auf das Themenfeld Gesundheit und streift z. B. auch den Bereich der Gesundheitskompetenzforschung.

Unter dem Fachgebiet der Gesundheitswissenschaften versteht man also letztendlich einen übergeordneten Sammelbegriff für all die einzelnen Wissenschaftsbereiche, die eine Grundlage für Public Health schaffen.

Public Health meint hierbei *„eine von der Gesellschaft organisierte, gemeinsame Anstrengung"*, um *die Gesundheit der Bevölkerung zu erhalten und zu fördern, um Krankheiten und Invalidität zu vermeiden* sowie *die Bevölkerung „mit präventiven, kurativen und rehabilitativen Diensten"* zu versorgen (Egger et al., 2018, S. 1).

Razum und Kolip (2020) fassen die Sichtweise von Public Health, die eine Grundlage für den thematischen Bezug dieses Beitrags widerspiegelt, umfassend zusammen: „Gesundheit, ihre Erhaltung und ggf. ihre Wiederherstellung sind somit eine Herausforderung nicht nur auf der Ebene des einzelnen Menschen – das wäre der Blick der Medizin. Es ist vielmehr eine Herausforderung auch auf der Ebene von Bevölkerungen oder bestimmten

Bevölkerungsgruppen – das ist die Perspektive von Public Health" (S. 30 f.).

Eben diese Bevölkerungsperspektive ist grundlegend relevant für den vorliegenden Beitrag, um populationsbezogene Handlungsmöglichkeiten im Rahmen der Vermeidung von gesundheitsbezogenen Verschwörungserzählungen und Fake News ableiten zu können.

5 Gesundheitspsychologische Mechanismen von Verschwörungserzählungen und Fake News

Wenn sich die Frage nach den psychologischen Mechanismen stellt, die dem Glauben an gesundheitsbezogene Verschwörungserzählungen in der Allgemeinbevölkerung zugrunde liegen, ist es wichtig zu berücksichtigen, dass hierbei unterschiedliche Personengruppen mit unterschiedlichen Merkmalen und Charakteristika zu definieren und zu unterscheiden sind.

Zum einen sei hier die Gruppe der chronisch Erkrankten genannt, die sich im Gegensatz zu Personen mit akuten Erkrankungen – die nach einer relativ kurzen Zeitspanne nach Ausbruch einer Erkrankung meist wieder genesen – über einen langen Zeitraum und möglicherweise dauerhaft mit einer Erkrankung auseinandersetzen müssen. Speziell bei chronisch Erkrankten kommt es zu einer spiralförmigen Verlaufsdynamik mit Wechseln zwischen krisenhaften, instabilen und stabilen Phasen, wobei hier unterschiedliche Verläufe unterschiedlich starke Einflüsse auf die Lebensgestaltung und -qualität des jeweiligen Menschen haben können. Fast immer kommt es aber Rahmen von chronischen Erkrankungen zu einer verminderten Belastbarkeit der Betroffenen und zu langen sog. Patientenkarrieren (Schaeffer & Moers, 2011). Betroffene befinden sich in einer existenziellen Krisensituation, in der es u. a. zu einer drastischen Zäsur in ihrer Biografie kommt, die durch die womöglich irreversible Situation ausgelöst wird. Dies kann zu Irritationen in der identitären Wahrnehmung der Erkrankten bis hin zum Identitätsverlust und somit zu immer wiederkehrenden Re- und Neustrukturierungen der jeweiligen Biografien führen (Corbin & Strauss, 2010).

Die zweite Personengruppe stellt im Gegensatz dazu Menschen dar, die in der allgemein geläufigen Definition von Krank- oder Gesundsein weder physisch noch psychisch erkrankt sind und die sich mit den gesundheitsbezogenen Verschwörungserzählungen augenscheinlich nicht aufgrund ihrer eigenen Betroffenheit auseinandersetzen. Dies schließt aber beispielsweise einen Ursprung für den Glauben an Verschwörungserzählungen aufgrund biografischer Erlebnisse (speziell das Erleben von Krankheit und Tod anderer) nicht aus. Vielmehr scheint hier ein prophylaktisches Interesse in Form der eigenen Gesunderhaltung im Vordergrund zu stehen.

Diese beiden Gegenpole können sich in der aktuellen Pandemielage letztendlich zu einer dritten Gruppe vermengen. Chronisch Erkrankte können in Zeiten von Pandemien und Epidemien doppelt belastet sein, da sie häufig eine Risikogruppe für solche Infektionsgeschehen darstellen. Der andere Pol der grundsätzlich Gesunden könnte in einer solchen Situation eventuell noch einmal einen verstärkten Hang zu Verschwörungserzählungen finden. Dazu kommen Personen, die gegebenenfalls bisher noch gar keinen Bezug zu gesundheitsbezogenen Verschwörungserzählungen hatten, sich nun aber von diesem globalen Ereignis bedroht und/oder geängstigt fühlen.

Die Kernfrage lautet, welches das psychologisch verbindende Momentum zwischen diesen Personengruppen sein könnte, das sowohl in pandemischen Situationen wie auch unabhängig davon, den Glauben an gesundheitsbezogene Verschwörungserzählungen begünstigt.

Der Glaube an Verschwörungserzählungen ist ein allgemeinpsychologisches Phänomen, das von gewissen inter- und intrapersonellen Variablen beeinflusst wird. Übergeordnet gesprochen begünstigt das allgemeine Mustererkennungssystem des Individuums dabei eben jenen Glauben: Der Mensch ist als Spezies geschickt darin, Strukturen und Zusammenhänge zwischen Einzelereignissen zu finden, hingegen findet er aber eben diese Zusammenhänge auch mitunter an Stellen, an denen es keine gibt. Der Glaube an Verschwörungserzählungen ist ein Mechanismus, um unbeständig wirkende Einzelbeobachtungen in ein sinnhaftes großes Ganzes zu integrieren (Bartoschek, 2017).

Darüber hinaus wurde auch immer wieder und mit mäßigem Erfolg versucht, demografische Merkmale, wie das Alter, das Einkommen, der Familienstand oder das Geschlecht einer Person, als Prädiktoren für Verschwörungsglauben zu identifizieren (Bartoschek, 2017). Fruchtbarer gestaltet sich diese Suche, wenn man auf Persönlichkeitsmerkmale/-zustände und zugrunde liegende Motive schaut.

Dabei können mit Blick auf die Motive existenzielle, soziale und epistemische Motive unterschieden werden. Unter existenziellen Motiven wird dabei beispielsweise das Streben nach Kontrolle verstanden, soziale Motive zielen auf die eigene positive Wahrnehmung durch Dritte ab und bei epistemischen Motiven geht es darum, ein subjektives Gefühl von Wissen zu erlangen (Douglas et al., 2017).

5.1 Existenzielle Motive: Selbstwirksamkeit und Selbstwirksamkeitserwartung

Wird auf die existenziellen Motive fokussiert, so geht es um die selbst wahrgenommene Kontrolle bzw. Sicherheit. Dabei wurde bereits recht früh das Konzept der Anomie betrachtet, worunter ein Zustand der Vereinsamung, der Isoliertheit, innerer Orientierungslosigkeit sowie der Macht- und Hilflosigkeit verstanden wird. Abalakina-Paap und Kollegen (1999) führen aus, dass Verschwörungserzählungen dem Abbau eben dieser Anomie dienen.

Des Weiteren stellt Taylor (2020) eine besondere Bedeutung der Angst mit Blick auf Gesundheitssorgen und einer psychischen Destabilisierung im Kontext einer Pandemie heraus, wobei er hier auf Trait-Angst, also Angst als Teil der Persönlichkeitsstruktur, fokussiert.

Dies wird gestützt von einer Studie von Grzesiak-Feldman (2013), die im experimentellen Design Angst bei Probanden induzierte, und belegen konnte, dass unter diesem Zustand der Glaube an Verschwörungserzählungen zunimmt.

Beide zuvor benannten Konstrukte lassen sich dabei als Facetten der Selbstwirksamkeit (SE) begreifen.

SE meint dabei im Kern den Wunsch des Menschen, sein Leben selbst zu kontrollieren und die Ursachen der eigenen Lebensumstände beeinflussen zu können (Bandura, 1999). Die Selbstwirksamkeitserwartung (SWE) steht dementsprechend für die Erwartung eines Menschen, aufgrund der eigenen vorhandenen Kompetenzen gewünschte Handlungen erfolgreich selbst ausführen zu können (Bandura, 1977).

Eben jenes individuelle psychologische Konstrukt der SE bzw. das Streben nach dieser begünstigen nach entsprechender Forschung den Glauben an Verschwörungserzählungen und können somit den Zusammenhang zwischen Gesundheitsthemen und der Tendenz, an Verschwörungserzählungen zu glauben, und dem Festhalten an Fake News verdeutlichen (Kossowka & Bukowski, 2015). Das Streben nach SE behandelt die grundlegende Frage, ob man sich selbst als maßgeblich dafür erlebt, was einem im Leben widerfährt. Erkrankt man beispielsweise überraschend an Krebs, so stellt sich fast jeder Mensch die Frage danach, wieso es eben ihn getroffen hat. Zufall ist dabei für viele Menschen schwieriger zu ertragen als die Annahme über einen düsteren Sinn hinter der Erkrankung – gegen eine Verschwörung kann man zumindest ankämpfen. Eben jene Einschränkung der wahrgenommenen SE gilt derzeit als eine der stärksten Vorhersagegröße für den Glauben an Verschwörungserzählungen (z. B. Kossowka & Bukowski, 2015) – obwohl dies auch nicht vollkommen unumstritten ist (Meyer et al., 2016).

Der subjektiv wahrgenommene Verlust der SE ist bei negativen Erlebnissen, die eine dramatische Zäsur in der bisherigen Lebensbiografie eines Menschen darstellen, am stärksten spürbar und vor allem erlebbar. Derartige einschneidende Ereignisse können unterschiedlicher Natur sein. Beispiele sind Konkurse, ein plötzlicher Arbeitsplatzverlust, das plötzliche Auftreten schwerwiegender Erkrankungen (z. B. chronisch-rezidivierende Erkrankungen wie Multiple Sklerose und ähnliches, Krebserkrankungen) oder – wie derzeit vorherrschend – eine allgemeine Bedrohung durch eine Pandemielage.

5.2 Selbstwirksamkeit und Selbstwirksamkeitserwartung in gesundheitspsychologischen Theorien und Modellen

In vielen gesundheitspsychologischen Theorien und Modellen, die sich mit den relevanten Determinanten für Gesundheitsverhalten (s. Info-Box 2) befassen, sind die SE und die SWE immer wiederkehrende und relevante Konstrukte:

> **Info-Box 2**
>
> **Gesundheitspsychologie:** Wissenschaft vom Erleben und Verhalten des Menschen im Zusammenhang mit Gesundheit und Krankheit; im Mittelpunkt stehen vor allem riskante und präventive Verhaltensweisen, psychische und soziale Einflussgrößen sowie deren Wechselwirkungen auf körperliche Erkrankungen und Behinderungen (Renneberg & Hammelstein, 2006, S. 3).
>
> **Gesundheitsverhalten:** Je nach Forschungsansatz bestehen unterschiedliche Definitionen von Gesundheitsverhalten. So kann Gesundheitsverhalten als Gegensatz zu Risikoverhalten gesehen werden und nur jene Verhaltensweisen umfassen, die Gesundheit oder Wohlbefinden fördern, oder z. B. auch jegliches gesundheitsrelevantes Verhalten meinen, unabhängig von förderlichen oder schädlichen Auswirkungen auf das Individuum (Faltermeier, 2017).

So stellt die SWE in der sozial-kognitiven Theorie nach Bandura (1977, 1986) eine Determinante dar, die direkt Einfluss auf das Verhalten des Individuums nimmt und sich aus vier Quellen (eigene Erfolgserfahrungen, stellvertretende Erfahrungen (Modelllernen), verbale Verstärkung (Überredung/Zuspruch), physiologische und affektive Zustände) speist. In der Theory of Planned

Behavior (ToPB; Ajzen, 1985, 1991) steht die wahrgenommene Verhaltenskontrolle für wahrgenommene SE und Kontrollierbarkeit des Verhaltens, die auch hier wiederum einen direkten Verhaltenseinfluss aufweist. Das Health Belief Modell (HBM; Rosenstock et al., 1988) wurde im Lauf der Jahre um die SWE als relevanten Faktor erweitert. Innerhalb des Transtheoretischen Modells der Verhaltensänderung (TTM; Prochaska & DiClemente, 1983; Prochaska & Velicer 1997) können Veränderungen bzw. Fortschritte im Veränderungsprozess erst durch die SWE und die Entscheidungsbalance zustande kommen. Im Rahmen des Health Action Process Approach (HAPA; Schwarzer, 1992) werden sogar drei spezifische SWE unterschieden und klassifiziert.

Auch in neueren Modellen nimmt die SE eine große Rolle zur Klärung von Gesundheitsverhalten ein; als Beispiel sei hier das Integrated Behavioral Model (IBM; Montano & Kasprzyk, 2008) als Weiterführung der ToPB genannt, in dem das Konstrukt der persönlichen Handlungsmacht in wahrgenommene Kontrolle und SWE unterteilt wird.

SE kann primär als ein Konstrukt gesehen werden, das auf die motivationale Ebene fokussiert. Hierdurch lässt sich nicht immer konkret erklären, wieso nun durch die Absicht entweder eine Verhaltensänderung eintritt oder nicht; gleichwohl einige der oben genannten Theorien oder Modelle auch diesen volitionalen Aspekt durch andere Konstrukte berücksichtigen. Grundlegend soll dieser Beitrag aber auch die Frage nach der Motivation beantworten, also weshalb Personen einer gesundheitsbezogenen Verschwörungserzählung oder Fake News anhängen. Das daraus resultierende Verhalten ist zunächst nachrangig.

SE/SWE findet sich also in fast allen Theorien der Gesundheitspsychologie und ist stark mit dem Glauben an Verschwörungserzählungen/Fake News verknüpft. Die SE wird in den verschiedenen Theorien zwar in Nuancen unterschiedlich definiert und mitunter noch einmal in verschiedene Aspekte der SE und SWE aufgeteilt, dennoch nimmt sie augenscheinlich einen hohen Stellenwert ein. Grundsätzlich kann davon ausgegangen werden, dass die SE bei allen eingangs genannten Personengruppen im Zusammenhang mit dem Glauben an Verschwörungserzählungen gleich wirkt; jedoch ist die individuell wahrgenommene Bedrohung derselben eben abhängig von Persönlichkeitsfaktoren und den aktuellen Lebensumständen.

5.3 Gesundheitskompetenz

Wird nun davon ausgegangen, dass die SE markant ist für die Tendenz, an Verschwörungserzählungen/Fake News zu glauben und sie somit eine wichtige Stellschraube für gesundheitlich relevantes Verhalten sein kann, dann muss geklärt werden, von welchen Faktoren die SE in Bezug zu Verschwörungserzählungen/Fake News abhängig sein könnte. Wie kann man SE als individuelle Kompetenz also stärken, damit Menschen eben nicht einer Verschwörungserzählung anhängen oder sich Fake News bedienen?

Hier kann die Gesundheitskompetenzforschung möglicherweise einen hilfreichen Ansatz für die gesundheitspsychologischen Fragen in diesem speziellen Themenbereich geben.

Gesundheitskompetenz (im Englischen „health literacy") meint dabei das Wissen, die Motivation und die Kompetenzen des einzelnen Individuums, gesundheitsrelevante Informationen zu finden, zu verstehen, zu beurteilen und anzuwenden, um zu einer informierten

Entscheidungsfindung hinsichtlich gesundheitsrelevanter Themen zu kommen (Sørenson et al., 2012). Der Zusammenhang zwischen der eigenen SE in Verknüpfung mit der eigenen Gesundheitskompetenz scheint deutlich erkennbar zu sein: Wer über eine niedrige „health literacy" verfügt und somit Probleme in den einzelnen Bereichen der Gesundheitskompetenz hat, wird sich auch als herabgesetzt in seiner SWE erleben, auch mit Blick darauf, mit gesundheitsrelevanten Informationen umzugehen.

Erstmalige repräsentative Daten zur Gesundheitskompetenz in der deutschen Bevölkerung konnten durch die Ergebnisse des Health Literacy Surveys-Germany (HLS-GER; Schaeffer et al., 2016) vorgelegt werden. Demnach verfügen 54,3 % der Deutschen über eine eingeschränkte Gesundheitskompetenz. Eine weitere wichtige Erkenntnis der Studie liegt in der Identifizierung vulnerabler Gruppen, die eher von einer niedrigen Gesundheitskompetenz betroffen sind. Dies bezieht sich u. a. auf Menschen mit Migrationshintergrund, geringem Bildungsniveau, niedrigem Sozialstatus und eben auch auf Menschen mit chronischen Erkrankungen (Schaeffer et al., 2016). Mit dem HLS-GER 2 (Schaeffer et al., 2021) liegen nun auch Erkenntnisse zur Gesundheitskompetenz während der COVID-19-Pandemie vor: Generell hat sich die subjektive Gesundheitskompetenz der Bevölkerung vom ersten bis zum zweiten Messzeitpunkt verschlechtert (58,8 % weisen eine geringe Gesundheitskompetenz auf), wobei der Anteil geringer Gesundheitskompetenz während der Pandemie leicht zurückgegangen ist. Im Bereich der Beurteilung von Informationen verfügen insgesamt 74,9 % der Befragten über eine geringe Gesundheitskompetenz; bei der Anwendung von Gesundheitsinformation liegt der Anteil der Personen mit geringer Gesundheitskompetenz bei 53,7 %.

Weitere spezifische Ergebnisse zur „health literacy" während der Pandemie finden sich bei Okan und Kollegen (2020): Die Mehrheit der Befragten (56 %) zeigte sich in der derzeitigen Situation durch die Vielfalt an Informationen zum Thema COVID-19 verunsichert; was vor allem durch die gerade bei neuartigen Viruserkrankungen auftretende Informationsflut verursacht wurde.

Auch hält fast die Hälfte der Befragten es für schwierig, einzuschätzen, ob pandemiebezogene Informationen in den Medien vertrauenswürdig sind. An dieser Stelle wird explizit von einer Infodemie gesprochen, die die rasante Verbreitung von Des- und Fehlinformationen, somit auch Fake News, zum Thema Coronavirus und Covid-19 meint. Okan und Kollegen (2020) postulieren, dass je besser der subjektiv empfundene Informationsstand ist, desto geringer die Verunsicherung durch die Informationsflut bei den Befragten ausfällt. Dies könnte wiederum dafür sprechen, dass je höher die SE durch die eigene empfundene Kompetenz ist, desto eher wird es dem Individuum ermöglicht, Informationen zu filtern und zu bewerten und desto geringer könnte der Hang zu gesundheitsbezogenen Verschwörungserzählungen sein.

6 Handlungsfaktoren und Möglichkeiten der Reduktion von Verschwörungserzählungen und Fake News im Zusammenhang mit gesundheitsbezogenen Themen

Vor dem Hintergrund der beschriebenen gesundheitspsychologischen Mechanismen, die eine enge Verzahnung zu gesundheitsbezogenen Verschwörungserzählungen und Fake News erklären können, bleibt nun festzuhalten, mit welchen bevölkerungsbezogenen Maßnahmen einem vermehrten Aufkommen von Fake News und einem erhöhten Glauben an Verschwörungserzählungen im Gesundheitsbereich entgegengewirkt werden kann.

Zum einen sollte präventiv verstärkt auf die Erhöhung der Gesundheitskompetenz in der Gesamtbevölkerung fokussiert werden. Vor allem Personen ohne bereits vorhandene Erkrankungen sollten einfach und konzentriert gesundheitsrelevante Informationen erhalten können, damit sie im Fall einer akuten Bedrohung Sicherheit im Umgang mit dieser aufgrund des Wissens erlangen können. Ein wichtiger handlungspraktischer Ansatz liegt hier in der weiteren Förderung des Nationalen Aktionsplans Gesundheitskompetenz (NAP; Schaeffer et al., 2018), der relevante Aspekte einer breiten Gesundheitskompetenzförderung umfasst.

Zum anderen muss stärker auf Personengruppen mit chronischen Erkrankungen und generell auf Personen aus vulnerablen Gruppen mit niedriger Gesundheitskompetenz geachtet werden. Hier spielt vor allem die Reduktion von Angst im Zusammenhang mit dem Wissen und Verarbeiten von relevanten Informationen eine große Rolle, die massiven Einfluss auf die SWE dieser Personen haben kann. Grundsätzlich sollten Personen mit chronischen Erkrankungen gezielter in Bezug auf die Verringerung des Gefühls der Anomie betreut werden. Auch sollte hier noch einmal auf eine Vielzahl an Mitarbeitenden im Gesundheitssystem (z. B. professionell Pflegende, Ärztinnen und Ärzte, MTA etc.) fokussiert werden, da diese vor allem für Erkrankte erste Anlaufstellen zur Informationsbeschaffung sind. An diesen Schnittstellen müssen klare und wohlüberlegte Kommunikationsweisen gefördert und geschult werden, um Ängste bei Betroffenen zu reduzieren und die Gesundheitskompetenz und letztendlich die eigene SWE zu erhöhen.

Ein weiterer Schritt liegt aber nicht nur in handlungspraktischen Überlegungen zur Reduzierung des gesundheitsbezogenen Verschwörungsglaubens, sondern eben auch im wissenschaftlichen Fortschreiten dieser Thematik: Inwieweit die SE im Zusammenhang mit gesundheitsbezogenen Verschwörungserzählungen wirkt, sollte empirisch genauer untersucht sowie auch weitere mögliche psychologische Konstrukte in diesem Zusammenhang beleuchtet werden. Grundsätzlich stellt sich hier auch die Frage, welche konkreten Faktoren neben der Gesundheitskompetenz die SE in diesem spezifischen Bereich beeinflussen und wie stark ihre Wirkung als relevante Stellschraube ist. Speziell darauf ausgerichtete Interventionsstudien könnten eine wissenschaftlich fundierte Meinung zu Präventionsmaßnahmen in diesem Bereich darstellen.

Das Gleiche gilt auch für handlungspraktische Schutzmaßnahmen, die durch die Forschung evidenzbasiert analysiert und anschließend transparent und verständlich der Gesamtbevölkerung zugänglich gemacht werden sollten.

In Bezug auf die Pandemielage lässt sich festhalten, dass die Implementierung sinnvoller und nachvollziehbarer Schutzmaßnahmen im Fokus der derzeitigen Situation stehen sollten, sodass die eigene SWE erhöht werden kann. Hier ist es überaus relevant, dass benannte Maßnahmen sich an den Lebenswirklichkeiten einzelner Bevölkerungsgruppen angliedern und angemessen mit zur Verfügung stehenden Mitteln umgesetzt werden können.

Literatur

AbalakinaPaap, M., Stephan, W. G., Craig, T., & Gregory, W. L. (1999). Beliefs in conspiracies. *Political Psychology, 20,* 637–647. https://doi.org/10.1111/0162-895X.00160

Ajzen, I. (1985). From intensions to actions: A theory of planned behaviour. In J. Cool & J. Beckmann (Hrsg.), *Action Control: From cognition to behaviour* (S. 11–39). Springer.

Ajzen, I. (1991). The theory of planned behavior. *Organizational Behavior and Human Decision Processes, 50,* 179–211.

Bandura, A. (1977). Self-efficacy: Toward a unifying theory of behavioral change. *Psychological Review, 84*(2), 191–215.

Bandura, A. (1986). *Social foundations of thought and action: A social cognitive theory.* Prentice-Hall.

Bandura, A., Freeman, W. H., & Lightsey, R. (1999). Self-efficacy: The exercise of control. *Journal of Cognitive Psychotherapy, 13*(2), 158–166.

Bartoschek, S. (2017). *Bekanntheit von und Zustimmung zu Verschwörungstheorien – Eine empirische Grundlagenarbeit.* Jmb-Verlag.

Cohn, S. M. (2012). Pandemics: Waves of disease, Waves of hate from the plague of athens to A.I.D.S. *Historical Research, 85*(230), 535–555.

Corbin, J. M., & Strauss, A. L. (2010). *Weiterleben lernen. Verlauf und Bewältigung chronischer Krankheit* (3. Aufl.). Bern: Huber.

Faltermeier, T. (2017). *Gesundheitspsychologie* (2. Aufl.). Kohlhammer.

Douglas, K. M., Sutton, R. M., & Cichocka, A. (2017). The psychology of conspiracy theories. *Current Directions in Psychological Science, 26*(6), 538–542.

Dürrenmatt, F. (1962). *Die Physiker.* Arche.

Egger, M., Razum, O., & Rieder, A. (2018). Public health; Konzepte, Disziplinen und Handlungsfelder. In M. Egger,

O. Razum, & A. Rieder (Hrsg.), *Public Health kompakt* (3. Aufl., S. 1–30). De Gruyter Studium.

Götz-Votteler, K., & Hespers, S. (2019). *Alternative Wirklichkeiten? Wie Fake News und Verschwörungstheorien funktionieren und warum sie Aktualität haben*. Transcript.

Grzesiak-Feldman, M. (2013). The effect of high-anxiety situations on conspiracy thinking. *Current Psychology, 32*(1), 100–118. https://doi.org/10.1007/s12144-013-9165-6

Heller, J. (2015). Rumors and realities: Making sense of HIV/AIDS conspiracy narratives and contemporary legends. *American Journal of Public Health, 105*(1), e43–50. https://doi.org/10.2105/AJPH.2014.302284

Klaß, S., & Bartoschek, S. (2020). Verschwörungsdenken an der Schnittstelle von Transhumanismus und Gesundheitswissenschaften. *Bessere Menschen? Technische und ethische Fragen in der transhumanistischen Zukunft* (S. 23–40). Springer.

Kossowka, M., & Bukowski, M. (2015). Motivated roots of conspiracies: The role of certainty and control motives in conspiracy thinking. In M. Bilewicz, A. Cichocka, & W. Soral (Hrsg.), *The psychology of conspiracy: A Festschrift for Mirosław Kofta* (S. 145–161). Routledge.

Meyer, C., Neumann, N., & Koci, C. (2016). Selbstwirksamkeit und Verschwörungstheorien: Wahrgenommene politische Selbstwirksamkeit ist zweidimensional und ein schwacher Prädiktor für den Glauben an Verschwörungstheorien. https://doi.org/10.13140/RG.2.1.4270.1841.

Montano, D., & Kasprzyk, D. (2008). Theory of reasoned action, theory of planned behavior, and the integrated behavioral model. In K. Glanz, B. K. Rimer, & K. Viswanath (Hrsg.), *Health behavior: Theory, research, and practice* (S. 95–124). Jossey-Bass.

Okan, O., de Sombre, S., Hurrelmann, K., Berens, E. M., Bauer, U., & Schaeffer, D. (2020). Gesundheitskompetenz der Bevölkerung im Umgang mit der Coronavirus-Pandemie. *Monitor für Versorgungsforschung, 13*(3), 40–45. https://doi.org/10.24945/MVF.03.20.1866-0533.2222

Popper, K. (2002). *Logik der Forschung* (1. Aufl.). Springer.
Prochaska, J. O., & DiClemente, C. C. (1983). Stages and processes of self-change of smoking: Toward an integrative model of change. *Journal of Consulting and Clinical Psychology, 51*(3), 390–395. https://doi.org/10.1037/0022-006X.51.3.390
Prochaska, J. O., & Velicer, W. F. (1997). The transtheoretical model of health behavior change. *American Journal of Health Promotion, 12*(1), 38–48. https://doi.org/10.4278/0890-1171-12.1.38
Razum, O., & Kolip, P. (2020). Gesundheitswissenschaften: eine Einführung. In O. Razum & P. Kolip (Hrsg.), *Handbuch Gesundheitswissenschaften* (7. Aufl.). Beltz.
Renneberg, B., & Hammelstein, P. (2006). *Gesundheitspsychologie*. Springer.
Rosenstock, I. M., Strecher, V. J., & Becker, M. H. (1988). Social learning theory and the health belief model. *Health Education Quarterly. Summer, 15*(2), 175–183. https://doi.org/10.1177/109019818801500203
Schaeffer, D., Berens, E. M., Gille, S., Griese, L., Klinger, J., & de Sombre et al. (2021). Gesundheitskompetenz der Bevölkerung in Deutschland – vor und während der Corona Pandemie: Ergebnisse des HLS-GER 2. Bielefeld: Interdisziplinäres Zentrum für Gesundheitskompetenzforschung (IZGK), Universität Bielefeld. https://doi.org/10.4119/unibi/2950305.
Schaeffer, D., Hurrelmann, K., Bauer, U., & Kolpatzik, K. (2018). *Nationaler Aktionsplan Gesundheitskompetenz. Die Gesundheitskompetenz in Deutschland stärken*. KomPart.
Schaeffer, D., Vogt, D., Berens, E. M., & Hurrelmann, K. (2016). *Gesundheitskompetenz der Bevölkerung in Deutschland. Ergebnisbericht*. Universität Bielefeld.
Schaeffer, D., & Moers, M. (2011). Bewältigung chronischer Krankheiten – Herausforderungen für die Pflege. In D. Schaeffer & K. Wingenfeld (Hrsg.), *Handbuch Pflegewissenschaft* (S. 329–363). Juventus.

Schwarzer, R. (1992). Self-efficacy in the adoption and maintenance of health behaviors: Theoretical approaches and a new model. In R. Schwarzer (Hrsg.), *Self-efficacy: Thought control of action* (S. 217–243). Hemisphere.

Smallman, S. (2015). Whom do you trust? Doubt and conspiracy theories in the 2009 influenza pandemic. *Journal of International and Global Studies, 6*(2), 1–24.

Smallman, S. (2018). Conspiracy Theories and the Zika Epidemic. *Journal of International and Global Studies, 9*(2), 1–13.

Sørensen, K., Van den Broucke, S., Fullam, J., Doyle, G., Pelikan, J., Slonska, Z., et al. (2012). Health literacy and public health: A systematic review and integration of definitions and models. *BMC Public Health, 12*(80), 1–13. https://doi.org/10.1186/1471-2458-12-80

Taylor, S. (2020). *Die Pandemie als psychologische Herausforderung. Ansätze für ein psychosoziales Krisenmanagement.* Psychosozial-Verlag.

Wandeler, G., Marschall, J., Gastmeier, P., & Lagler, H. (2018). Infektionskrankheiten. In M. Egger, O. Razum, & A. Rieder (Hrsg.), *Public Health kompakt* (3. Aufl., S. 437–481). De Gruyter.

Online-Quellen

Amadeu Antonio Stiftung. (2020). Verschwörungstheorie, Verschwörungsmythos, Verschwörungserzählung? https://www.amadeu-antonio-stiftung.de/verschwoerungstheorie-verschwoerungsmythos-verschwoerungserzaehlung-57919/. Zugegriffen: 2. März 2021.

Berger, R. (2015). AFA-Algen – 7 Nutzen für unsere Gesundheit. https://deavita.com/gesundes-leben/gesunde-ernaehrung/afa-algen-7-nutzen-gesundheit.html. Zugegriffen: 9. März 2021.

Bundesinstitut für Risikobewertung. (2002). BgVV und BfArM warnen: Nahrungsergänzungsmittel aus AFA-Algen können keine medizinische Therapie ersetzen. https://www.bfr.bund.de/de/presseinformation/2002/08/bgvv_und_bfarm_warnen__nahrungsergaenzungsmittel_aus_afa_algen_koennen_keine_medizinische_therapie_ersetzen-987.html. Zugegriffen: 9. März 2021.

Müller, C. (2019). FDA warnt erneut vor MMS. Deutsche Apotheker-Zeitung online. https://www.deutsche-apotheker-zeitung.de/news/artikel/2019/08/15/fda-warnt-vor-mms. Zugegriffen: 2. März 2021.

Rehberg, C. (2020a). AFA-Algen – Vielfalt an Nährstoffen. https://www.zentrum-der-gesundheit.de/artikel/algen-co/schadstoffausleitung-mit-suesswasseralgen-pi. Zugegriffen: 9. März 2021.

Rehberg, C. (2020b). Chlorophyll schützt Ihre Gesundheit. https://www.zentrum-der-gesundheit.de/artikel/gesunde-ernaehrung/chlorophyll-ia. Zugegriffen: 9. März 2021.

Steffen, T., & Wildschutz, N. (2020). Wenn das Denken zu quer läuft. https://www.zeit.de/gesellschaft/2020-12/verfassungsschutz-querdenken-711-baden-wuerttemberg-verschwoerungstheorien-rechtsextremismus?utm_referrer=https%3A%2F%2Fwww.google.com%2F. Zugegriffen: 9. März 2021.

M.Sc. Sina Klaß ist examinierte Gesundheits- und Krankenpflegerin. Ihren Bachelor machte sie in Pflegewissenschaft an der Evangelischen Fachhochschule RWL in Bochum, bevor sie ihren Master of Sciene in Public Health an der Universität Bielefeld verliehen bekam. Ihr Forschungsschwerpunkt im Masterstudiengang lag dabei auf der Thematik der Gesundheitskompetenz (Health Literacy) im Zusammenhang mit Patienten und professionell Pflegenden im Bereich des akutstationären Settings. Derzeit arbeitet sie als Assistenz der Geschäftsführung im Institut Dr. Bartoschek.

Dr. Sebastian Bartoschek hat seinen Lebensmittelpunkt im Ruhrgebiet. Der promovierte Diplom-Psychologe und freie Journalist ist ein Experte für Verschwörungstheorien und außerdem in den Boulevardmedien und Skeptiker-Kreisen zu Hause. Egal ob als Psychologe oder Journalist – er lässt sein Gegenüber zu Wort kommen, um wirklich zu verstehen, wie der Andere fühlt und denkt. Als Psychologe hat er langjährige praktische Erfahrung in der Kinder- und Jugendhilfe. Seine Texte erscheinen Online (Ruhrbarone, Salonkolumnisten) aber auch im Print (Jungle World). Bartoschek ist zudem Teil verschiedener Podcastproduktionen (Psychotalk, Bartocast).

Wissenschaftskommunikation und öffentliche Meinungsbildung am Beispiel der Coronapandemie

Katrin Götz-Votteler und Simone Hespers

1 Einführung

Seit Anfang 2020 ist kaum ein Thema so präsent in den deutschen Medien wie Corona. Auf den ersten Blick ist bemerkenswert, dass es sich um ein sehr spezielles Themenfeld aus dem medizinischen Sektor handelt, mit dem sich üblicherweise nur wenige Nichtvirolog*innen befassen. Auf den zweiten Blick ist die mediale und öffentliche Präsenz des Themas aber aufgrund der weitreichenden gesundheitlichen sowie gesellschaftlichen Folgen der Lockdown-Bestimmungen selbsterklärend.

K. Götz-Votteler · S. Hespers (✉)
Friedrich-Alexander-Universität Erlangen-Nürnberg,
Erlangen, Deutschland
E-Mail: simone.hespers@fau.de

K. Götz-Votteler
E-mail: katrin.goetz-votteler@fau.de

© Der/die Autor(en), exklusiv lizenziert durch Springer-Verlag
GmbH, DE, ein Teil von Springer Nature 2021
M. C. Bauer und L. Deinzer (Hrsg.), *Zwischen Wahn und Wahrheit*,
https://doi.org/10.1007/978-3-662-63641-1_5

Insofern verwundert es auch nicht, dass wir alle mittlerweile glauben mitreden zu können und eine Haltung zu coronabedingten Themen entwickelt haben. Was die Maßnahmen zur Eindämmung der Pandemie betrifft, so sind diese von Beginn an auch kritisch gesehen worden, was oft mit einem Misstrauen gegen die Autoritäten und deren Entscheidungen einhergeht. Dieses Misstrauen basiert nicht selten auf verschwörungsideologischen Annahmen.[1]

Um nachvollziehen zu können, warum im Kontext der Coronapandemie **verschwörungsideologisches Denken** leicht Fuß fassen kann, muss man kurz beleuchten, was dieses ausmacht: Verschwörungsideologisches Denken ist immer dann gegeben, wenn von offiziellen Stellen ausgegebene oder mehrheitlich akzeptierte Erklärungen abgelehnt werden und gleichzeitig einer bestimmten Personengruppe oder Einzelperson die verschwörerische Absicht unterstellt wird, gegen das Interesse der Allgemeinheit und zum eigenen Vorteil zu handeln. In der Regel folgen Verschwörungsmythen den Narrativen Gut gegen Böse sowie die Kleinen gegen die Großen, d. h. es wird z. B. davon ausgegangen, dass die mächtigen Eliten in böser Absicht gegen das „normale" Volk agieren.

Doch warum glauben Menschen daran? Einer Verschwörungsideologie anzuhängen, bietet gewisse **psychologische Vorteile**: So liefert diese für ein komplexes Thema eine verhältnismäßig simple Zusammenhangsvermutung. Es kann daher gerade bei komplizierten Sachverhalten oder bei Bereichen, für deren Verständnis fortgeschrittenes

---

[1] Der Begriff Verschwörungs*theorie* suggeriert eine Nähe zum wissenschaftlichen Verständnis von Theorie. Diese besteht aber nicht. Daher wird hier im Folgenden von Verschwörungsideologie oder Verschwörungsmythos gesprochen (siehe auch Götz-Votteler & Hespers, 2019, S. 35f.). Eine Zusammenstellung von Verschwörungstheorien zur COVID-19-Pandemie u. a. im Wiki Psiram: Verschwörungstheorien zur Covid-19 Pandemie 2019-2020.

Wissen erforderlich ist, eine Erleichterung sein, Argumente abzulehnen, die schwierig nachvollziehbar sind, und einfacheren Erklärungen zu folgen. Aufgrund seiner Einfachheit gibt ein Verschwörungsmythos gerade in Krisensituationen, in denen z. B. Sorge um die eigene Gesundheit oder um die eigene finanzielle Situation besteht, ein Gefühl der Kontrolle und Sicherheit, da man glaubt, die Gründe und Zusammenhänge für eine als negativ empfundene Situation erkannt und verstanden zu haben.[2] Auf diese Weise lässt sich dann auch ein Sündenbock für die eigene Misere finden, d. h. die Verantwortlichkeit für die schlechte Lage kann bestimmten Personen(gruppen) zugewiesen werden.

Die Coronapandemie bietet beste Voraussetzungen für eine Hochkonjunktur von Verschwörungsideologien: Da sie alle Teile der Bevölkerung in existenzieller Weise – sei es gesundheitlich, sozial oder ökonomisch – betrifft, führt dies naturgemäß zu einem **Gefühl der Krise**. Aufgrund des Auftretens neuer Virusvarianten ist darüber hinaus unwägbar, wann die Pandemie überstanden sein wird; insofern bleibt auch der Zustand der Unsicherheit weiter bestehen. Hinzu kommt ein **Mangel an gesichertem Wissen**, dem bei Entstehung und Ausbreitung von verschwörungsideologischen Annahmen eine zentrale Rolle zufällt. So war das wissenschaftliche Wissen um das Virus und COVID-19 zum Zeitpunkt des Pandemieausbruchs vergleichsweise gering. Dadurch wurde die Bestimmung geeigneter Gegenmaßnahmen erschwert, was wiederum **Verunsicherung** hervorrief und das Krisengefühl verstärkte. Für die Entstehung und Verbreitung von Verschwörungsmythen rund um Corona hat das zwei Konsequenzen:

---

[2] Mehr dazu siehe Götz-Votteler & Hespers (2019, S. 39ff.).

- Das (anfängliche) Wissensvakuum bot Raum, um durch subjektive, nichtwissenschaftliche und zum Teil verschwörungsideologisch basierte Erklärungen gefüllt zu werden.
- Der Prozess der wissenschaftlichen Erkenntnis unterscheidet sich von dem, wie man sich als nichtwissenschaftliche Person Wissen über einen Gegenstand aneignet. Diese Diskrepanz kann – insbesondere in Fällen, in denen eine schnelle und gesicherte Informierung angestrebt wird – zu Unverständnis gegenüber der medizinischen Erforschung des Virus führen und letztendlich dazu beitragen, dass medizinischen Expert*innen als Autoritäten misstraut wird.

Welche Relevanz gerade diese Diskrepanz zwischen der Entstehung wissenschaftlichen Wissens und dem Drang nach schneller Informierung im Fall der Corona-Pandemie hat, soll im Folgenden näher beleuchtet werden.

2 Der wissenschaftliche Erkenntnisprozess

Ein **Gegenstand wissenschaftlicher Forschung** ist in der Regel komplex. Um ihn (idealiter vollständig) erkennen und erklären zu können, muss er aus möglichst vielen Perspektiven beleuchtet und unterschiedlichsten Fragestellungen unterzogen werden. Bis gesichertes Wissen zu einem Themenfeld vorliegt, müssen Daten in gezielten Studien gesammelt, zahlreiche Beobachtungen zusammengetragen und in Beziehung zueinander gesetzt werden, Vermutungen in Experimenten auf ihre Haltbarkeit hin überprüft und vorläufige Ergebnisse formuliert werden.

Und mit jeder neuen Beobachtung besteht die Möglichkeit, dass bereits gemachte Schlussfolgerungen hinfällig werden.

Dies gilt für jegliche wissenschaftliche Forschung. Die Besonderheit im Fall der Coronapandemie bestand und besteht nun darin, dass der wissenschaftliche Erkenntnisfortschritt von den Medien quasi in Echtzeit übertragen wurde. Damit gelangten für den wissenschaftlichen Prozess vollkommen übliche, für Außenstehende aber möglicherweise nicht nachvollziehbare Teilergebnisse oder sogar Differenzen innerhalb der Forschung zum Thema SARS-CoV-2 bzw. COVID-19 in den Fokus allgemeiner Aufmerksamkeit. Das folgende Beispiel einer Studie der Münchner Ärztin Camilla Rothe et al. soll dies zeigen.

Beispiel 1: Camilla Rothe und die WHO
Zu Beginn des Jahres 2020 war zwar aus China bereits bekannt, dass das Virus sich offenbar rasant und scheinbar unkontrolliert ausbreitete. Doch erst, als Ende Januar der erste Fall in Deutschland bekannt wurde, zeigte sich, wie wenig man eigentlich über das Virus und seine Übertragung wusste und folglich darüber, wie man sich schützen konnte. Eine wichtige Beobachtung, die die Ärztin Camilla Rothe in diesem Zusammenhang machte, war, dass das Virus offenbar auch von Menschen übertragen werden konnte, die keine Symptome zeigten. Das wäre ein fundamentaler Unterschied zu Grippeviren oder dem bisher bekannten SARS-Virus.

Rothe behandelte den ersten in Deutschland bekannt gewordenen Fall einer positiven Coronainfektion: Am 27. Januar 2020 war ein Mann in die Abteilung für Infektions- und Tropenmedizin des Universitätsklinikums München gekommen. Er hatte gerade erfahren, dass eine Geschäftspartnerin aus China, die in der Woche zuvor einen Workshop in seinem Unternehmen geleitet hatte, nach ihrer Rückkehr positiv auf Corona getestet worden war. Zum Zeitpunkt seines Besuchs schien der Mann gesund und zeigte keine spezifischen Auffälligkeiten, auch wenn er sich einige Tage zuvor ein wenig erkältet gefühlt hatte. Daher war Rothe nach eigenen Aussagen überrascht (Charisius, 2021), als sie bei ihm das Virus nachwies, insbesondere da auch die Frau aus China, die ihn offenbar infizierte, zum Zeitpunkt des Kontakts keinerlei Symptome bei sich festgestellt hatte. Die Ärztin und ihre Kolleg*innen gingen folglich davon aus, dass das Virus auch von Menschen übertragen werden könne, die keine Symptome einer Erkrankung zeigten.

Diese Beobachtung erschien ihnen so wichtig, dass sie sie bereits drei Tage später im *New England Journal of Medicine* (NEJM), einer medizinischen Fachzeitschrift, veröffentlichten (Rothe et al., 2020, S. 2):

> However, it is notable that the infection appears to have been transmitted during the incubation period of the index patient [d. i. die chinesische Kollegin], in whom the illness was brief and nonspecific. [...] The fact, that asymptomatic persons are potential sources of 2019-nCoV infection may warrant a reassessment of transmission dynamics of the current outbreak.

Insgesamt 18 Mediziner*innen unterzeichneten den Beitrag, darunter auch Christian Drosten.

Ein Fokus der sich daraufhin entwickelnden (fachlichen) Diskussion lag auf der Differenzierung zwischen präsymptomatischer und asymptomatischer Übertragung, d. h. einer Ansteckung, bevor Symptome gezeigt werden, und einer Ansteckung, ohne dass überhaupt Symptome auftreten. Am 4. Februar 2020 twitterte Sylvie Briand, Direktorin des Department of Pandemic and

Epidemic Diseases (PED) der World Health Organization (WHO; Briand, 2020):

> It is important to differentiate asymptomatic from pre-symptomatic transmission. #2019-CoV Study claiming new coronavirus can be transmitted by people without symptoms was flawed.

Diese Aussage bezieht sich darauf, dass sich zum Zeitpunkt des Tweets die Kenntnislage insofern verschoben hatte, als die Indexpatientin auf dem Rückflug nach China krank wurde. Damit ist die Übertragung des Virus von ihr auf den deutschen Kollegen als prä- und nicht asymptomatisch einzustufen.

Die genaue Beschreibung, unter welchen Bedingungen die Übertragung des Virus auftreten kann, ist für die medizinische Erforschung wesentlich und spiegelt den oben geschilderten Erkenntnisprozess wider: Es werden Beobachtungen gemacht und publiziert, von Fachkolleg*innen bewertet und diskutiert, durch neue Beobachtungen und Studien ergänzt und gegebenenfalls revidiert, bis sich ein komplettes Bild ergibt. Für die Öffentlichkeit spielt die Unterscheidung zwischen prä- und asymptomatisch jedoch eher keine Rolle. Denn für den alltäglichen sozialen Umgang macht sie letztendlich keinen Unterschied, da prinzipiell immer davon auszugehen ist, dass eine zu einem bestimmten Zeitpunkt symptomfreie Person ansteckend sein kann, sei es nun prä- oder asymptomatisch. Einziger Unterschied: Präsymptomatische Personen lassen sich zumindest nachträglich, wenn die Krankheit bei ihnen ausbricht, als infiziert identifizieren, und damit lassen sich auch mögliche Verbreitungswege nachvollziehen. Die Vorstellung jedoch, dass Menschen, die nie irgendwelche Anzeichen einer Krankheit zeigen, andere infizieren können, ist beunruhigender, weil unberechenbar.

Aus Sicht der WHO mag noch ein anderer Aspekt eine wichtige Rolle gespielt haben, sich auf die Formulierung präsymptomatisch zu fokussieren: Zwar hatte die WHO bereits am 30. Januar 2020 den Internationalen Gesundheitsnotstand – Public Health Emergency of International Concern (PHEIC) – ausgerufen.[3] Zur Pandemie erklärte sie den Coronaausbruch jedoch erst fast sechs Wochen später am 11. März 2020. Mit Pandemie wird eine weltweite Epidemie, also die Verbreitung eines i. d. R. neuartigen Erregers, der potenziell schwere Erkrankungen hervorrufen kann, bezeichnet. Entscheidend dafür, ob eine Pandemie ausgerufen wird oder nicht, ist die Verbreitung und Übertragung des Erregers weltweit von Mensch zu Mensch, verbunden mit einer hohen Anfälligkeit aller Bevölkerungsgruppen. Und je unkontrollierter die Ausbreitung, desto höher die Anfälligkeit.

Maßnahmen, die in Zusammenhang mit einem PHEIC im Ausmaß einer Pandemie getroffen werden können, sind beispielsweise das Aussprechen von Reisewarnungen oder die Empfehlung von Quarantänemaßnahmen. Das wiederum birgt immer auch Risiken für die Wirtschaft, z. B. die Tourismusbranche oder den (internationalen) Handel. Etwas zur Pandemie zu erklären, bedeutet demnach auch, mitverantwortlich zu sein für die Folgen,

---

[3] Ein PHEIC liegt bei außergewöhnlichen Ereignissen vor, die ein internationales öffentliches Gesundheitsrisiko darstellen und daher ein koordiniertes internationales Vorgehen erfordern. Umfassende Kriterien für PHEIC sind definiert in: WHO (2005, S. 9).

die aus den im Anschluss getroffenen Maßnahmen erwachsen.[4]

Fazit:

- Die Diskussion um semantische Begrifflichkeiten, die auf den ersten Blick keinen erkennbaren Bezug zur alltäglichen Lebenswelt hat, kann dazu führen, dass Laien den Eindruck bekommen, die medizinische Forschung halte sich mit Nebensächlichkeiten auf und widme sich nicht den eigentlich dringlichen Fragen.
- Die Austragung der fachlichen Diskussion in der Öffentlichkeit über ein soziales Netzwerk wie Twitter und eine negative Einschätzung wie „[…] Study […] was flawed" hinterlässt bei Personen, die die Hintergründe der Studie und des wissenschaftlichen Erkenntnisprozesses nicht kennen, den Eindruck, hier würde von – immerhin anerkannten Expert*innen – stümperhaft gearbeitet und die wissenschaftliche Community sei sich in der Beschreibung des Forschungsgegenstands uneins.

Wenn sich aber in der öffentlichen Wahrnehmung schon die Fachgremien nicht einigen können, so kann dies zu einer **weiteren Verunsicherung der Bevölkerung** führen, da der Anschein entsteht, es gäbe unvereinbare Positionen, bei denen man sich für eine entscheiden müsse. Dies kann eine **relativistische Einstellung** verstärken, nach der es

---

[4] Auf die Frage des ZDF, warum die WHO ihre Beobachtung zunächst anzweifelte, antwortete Rothe am 27. Januar 2021 (Schäfer, 2021): „Darauf kann ich persönlich keine gute Antwort geben. Es war natürlich eine unbequeme Neuigkeit. Das war etwas, was die Infektion ungleich viel schwerer handhabbar macht – auch für Entscheidungsträger. Das heißt, Sie müssen im Prinzip jeden unter Verdacht stellen und mit Masken versehen und die Konsequenzen ziehen, die wir jetzt haben. Vielleicht ist man davor zurückgeschreckt."

im Endeffekt Ansichtssache ist, welche Einschätzung eines Sachverhalts die richtige ist – man muss sich nur der „richtigen" Expert*innenmeinung anschließen. Damit ist einem verschwörungsideologischen Denken die Grundlage bereitet.

3 Mediale Berichterstattung

Die Tatsache, dass Aussagen zu einer forschungsbezogenen Diskussion auf Twitter veröffentlicht werden, zeigt, dass bei der medialen Vermittlung nicht mehr allein auf klassische Medien wie Print, TV und Radio (mit den dazugehörigen Online-Angeboten) gesetzt wird. Über soziale Medien wie Twitter und Facebook, YouTube und Instagram können Themen und Inhalte von Expert*innen selbst schnell, direkt und mit hoher Reichweite veröffentlicht werden. Hierbei entfällt die **redaktionelle Betreuung**, die Kernbestandteil journalistischer Arbeit ist: Um einem nichtfachlichen Publikum zu ermöglichen, ein Thema zu verstehen, müssen die für das jeweilige Zielpublikum relevanten Informationen aus einem Thema herausgelöst und verständlich gemacht werden. Insofern gehören Kürzungen und **Simplifizierungen** zum Zweck der Komplexitätsreduktion zu den Standardverfahren journalistischer Arbeit. Auch ist dies notwendig, um z. B. mittels prägnanter Überschriften oder pointierter Texte das Interesse der Leserschaft zu wecken.

Wie obige Listung verschiedener Medientypen erkennen lässt, gibt es im medialen Bereich zahlreiche Anbieter, die alle eins erreichen müssen: die Aufmerksamkeit der Konsument*innen (vgl. hierzu grundlegend Franck, 1998). Denn während Informationen nahezu unbegrenzt verfügbar sind, ist unsere Aufmerksamkeit knapp und entsprechend hart umkämpft – schließlich wird mit Medien Umsatz gemacht. Insofern operieren Medien nach **aufmerksamkeitsökonomischen Gesichtspunkten**, d. h. Meldungen werden so verfasst, dass wir sie als interessant und für uns relevant einstufen. Folgende Aspekte spielen dabei eine Rolle: So reagieren wir v. a. auf Neuigkeiten und außergewöhnliche Meldungen schnell, da wir persönlich davon betroffen sein könnten. Aber auch Themen, die Emotionen – und hier insbesondere negative Gefühle wie Angst oder Bedrohung – hervorrufen, steigern unsere Aufmerksamkeit (Kahnemann, 2012, S. 370). Und schließlich interessieren wir uns besonders für Meldungen, wenn sie uns eine Geschichte erzählen, da wir so empathisch am Verlauf eines Ereignisses teilhaben können. Oft folgen diese Geschichten einem bestimmten Schema oder einer bestimmten Rahmenerzählung, einem sog. **Narrativ** (Götz-Votteler & Hespers, 2019, S. 108f.). Damit wird ein bestimmter Interpretationsrahmen aufgespannt.

Die Etablierung von Informationskanälen in Sozialen Medien auch neben den klassischen Medien hat dazu geführt, dass die Nutzer*innen ein schier unüberblickbares Angebot zur Verfügung haben, aus dem sie nach Lust und Laune auswählen können. Da prinzipiell jede*r online publizieren oder über Soziale Medien die eigene Meinung an die Öffentlichkeit bringen kann, diese aber auch von Qualitätsmedien wie Süddeutsche Zeitung, Tagesschau oder dem Bayerischen Rundfunk bedient werden, lassen sich die Informationen zunächst zumindest formal nicht voneinander unterscheiden. Um die Konsument*innen also beim eigenen Medium zu halten, ist es notwendig, die Aufmerksamkeit tagtäglich aufs Neue zu reizen – unter Zuhilfenahme der oben genannten Möglichkeiten wie (sensationelle) Neuigkeiten, Ansprache von Emotionen, Erzählen von Geschichten.

Vergleicht man diese Eigenschaften medialer Berichterstattung mit dem Prozess der wissenschaftlichen Erkenntnis sowie den Eigenheiten des wissenschaftlichen Diskurses, so wird klar, dass beides nicht unbedingt gut zusammengeht: So steht der emotionalen Ansprache medialer Berichterstattung die sachliche Argumentation des wissenschaftlichen Diskurses gegenüber; wo Medien auf aufmerksamkeitsheischende, teilweise reißerische Sprache setzen, zeichnet sich die wissenschaftliche Sprache durch Präzision aus; und wo der Inhalt für einen Zeitungsartikel oder einen Radiobericht auf das Wesentliche reduziert werden muss, um die vorgegebene Berichtlänge nicht zu überschreiten, werden in einem wissenschaftlichen Beitrag auch Hintergrundinformationen ausgeführt.

Zwei Beispiele aus der frühen Phase der Coronaberichterstattung sollen dies im Folgenden illustrieren: die Auseinandersetzung zwischen dem Virologen Christian Drosten und *Bild* sowie die sogenannten Heinsberg-Protokolle.

Beispiel 2: Christian Drosten und der Streit mit Bild

Die zentrale Frage, inwiefern Kinder im selben Maß wie Erwachsene das Virus weitergeben können, obwohl sie anscheinend klinisch nicht so stark von einer Covid-Erkrankung betroffen sind, wurde bereits zu Beginn der Pandemie heftig diskutiert. Eine Antwort hierauf schien besonders relevant, hingen von ihr doch Maßnahmen wie die Schließung von Schulen und Kitas ab, die das gesellschaftliche Leben weitreichend beeinflussen würden.

Auch der Virologe Christian Drosten wurde regelmäßig hierzu befragt. In seinem Podcast Coronavirus-Update von NDR Info[5], berichtete er über aktuelle Erkenntnisse hierzu, wobei er mögliche Maßnahmen sowohl unter medizinischen und epidemiologischen Gesichtspunkten als auch hinsichtlich der daraus erwachsenden gesellschaftlichen und wirtschaftlichen Folgen betrachtete. Insbesondere betonte er immer wieder die Gefahr, die für das öffentliche Gesundheits- und Krankenhauswesen aus einer flächendeckenden Schul-, Kita- und Kindergartenschließung erwachsen würde. So war anzunehmen, dass die Kinder in einem solchen Fall zu Hause von den Eltern – und das heißt i. d. R.: den Müttern – betreut werden müssten, die dann nicht mehr zur Arbeit gehen könnten. Für Krankenhäuser und Kliniken wäre ein Ausfall des Personals – und in Pflegeberufen arbeiten überwiegend Frauen – jedoch fatal gerade in Zeiten, in denen die grippesaisonal bedingte Belastung noch verstärkt würde durch Krankheitsfälle, die durch das neue Virus verursacht würden.[6] Es galt also, eine Schließung sorgsam abzuwägen. Nachdem mit Beginn des ersten Lockdowns am 19. März 2020 vorsichtshalber auch Schulen geschlossen wurden, unterstützte Drosten die Maßnahme, betonte aber auch, wie wichtig es sei, „Daten zu kriegen, um zu entscheiden, ob man vielleicht die ganze Schule oder auch nur einige Jahrgänge der Schule wieder zulassen kann. Denn das ist ja wirklich wichtig." (Coronavirus-Update Folge 19 vom 23.03.2020 [S. 6]).

Ende April 2020 wurden in einem Preprint erste Auswertungen einer Studie veröffentlicht, die Drosten und sein Team zur Viruslast („viral load") abhängig vom

---

[5] Alle Folgen zum Nachhören und als Skript bei NDR Info (2020, 2021).
[6] Siehe z. B. Coronavirus-Update Folge 13 vom 13.03.2020 (S. 1). Drosten hatte auch in Interviews schon relativ früh vor einer Überlastung des Gesundheitssystems gewarnt (s. z. B. Engels, 2020).

Alter angestellt hatten (Jones et al., 2020a). Das Ergebnis legte die Vermutung nahe, Kinder könnten genauso ansteckend sein wie Erwachsene, weshalb eine vollständige Öffnung von Schulen und Kindergärten nicht zu empfehlen sei. Um die Ergebnisse der Studie entspann sich eine Diskussion, die unter normalen Umständen wohl in vergleichsweise engen Fachkreisen geführt worden wäre, aufgrund des großen Interesses an der Thematik jedoch mehr oder weniger öffentlich ausgetragen wurde. Kritisiert wurde u. a. die statistische Methode, die möglicherweise zu einer Verzerrung der Ergebnisse geführt hatte.

Die zunächst wissenschaftliche Auseinandersetzung mündete schließlich in einem offenen Streit mit *Bild*. Publikumswirksam titelte diese nachmittags am 25. Mai 2020 auf bild.de mit der Schlagzeile: „Fragwürdige Methoden: Drosten-Studie über ansteckende Kinder grob falsch. Wie lange weiß der Star-Virologe schon davon?" (Piatov, 2020). In dem folgenden Beitrag berief *Bild* sich auf kritische Stimmen anderer Wissenschaftler, um ihre Aussage zu belegen.

Dass *Bild* den Vorwurf erhob, die Studie sei „grob falsch", und ihrer Behauptung durch Berufung auf kritische Äußerungen von Wissenschaftlern mit Nachdruck den Anschein von Glaubwürdigkeit verlieh, zeugt von mangelnder Kenntnis wissenschaftlicher Arbeitsweise. Denn es war unterschlagen worden, dass es sich bei der Studie um eine Vorveröffentlichung handelte. Solche sog. Preprints wurden noch nicht von einem Fachgremium zur Publikation begutachtet; sie dienen vielmehr dem Zweck, Forschungshypothesen möglichst schnell in die wissenschaftliche (Fach-)Öffentlichkeit zu tragen, kritische Expertisen zu hören und Anregungen zu erhalten, wie die eigene Position geschärft, Methoden angepasst und gegebenenfalls korrigiert werden können. Im Fall von globalen gesundheitlichen Bedrohungen wie dem Ausbruch von COVID-19 ist dies ein übliches Verfahren, zu dem sich zahlreiche wissenschaftliche Verlage verpflichtet haben (Wellcome, 2020).

Aufgrund der hohen Dringlichkeit wollten die Forscher*innen um Drosten mithilfe des Preprints prüfen, ob eine zeit- und arbeitsintensive Bearbeitung und Auswertung der Daten überhaupt lohnenswert sein würde. So entschieden sie sich Drosten zufolge für (Coronavirus-Update Folge 41, S. 1)

> grobe statistische Methoden [...]: Durchaus auch mit der Überlegung, die Daten an sich, die sind zu grob, die sind so ungefiltert, wenn man da mit einer groben statistischen Methode nichts findet, dann lohnt es sich sicherlich nicht, weiter zu graben mit feineren Methoden. Und das haben wir dann so publiziert.

Das heißt aber auch, dass hier getroffene Aussagen nicht final sind, es sich vielmehr um vorläufige Vermutungen handelt. Und als solche hatte das Team um Drosten die zentrale Aussage der Studie auch formuliert:

> Based on these results, we have to caution against an unlimited re-opening of schools and kindergartens in the present situation. Children may be as infectious as adults.[7]

Fazit:

- Der Bericht von *Bild* lässt vermuten, dass der Status der Studie als Preprint nicht bekannt war oder nicht richtig eingeschätzt wurde: Die Kritik an einem Teil der

---

[7] Jones et al. (2020a) – ein überarbeiteter Preprint der Studie Jones et al. (2020b). Eine Analyse der überarbeiteten Studie bei Schumann (2020).

Studie (der Methode) wurde – möglicherweise ohne entsprechende Fachkenntnis – dekontextualisiert und pauschalisiert.

- Titel und Formulierungen im Beitrag sind stark zugespitzt und stellen inhaltlich eine Sensation dar:[8] Deutschlands Virologe No. 1 soll sich getäuscht haben! Damit bedient sich *Bild* aufmerksamkeitsstrategischer Methoden, um das Interesse der Leserschaft zu wecken und Click-Zahlen zu generieren. Eine derartige Versprachlichung widerspricht jedoch dem Vorgehen innerhalb des wissenschaftlichen Diskurses, dass Forschungsergebnisse objektiv und auf sachlicher Grundlage verhandelt werden.

Obwohl sich die unautorisiert und teilweise nicht korrekt zitierten und weitere Wissenschaftler*innen umgehend von bild.de distanzierten und Qualitätsmedien bereits am Folgetag Analysen und Korrekturen der Darstellung veröffentlichten,[9] waren die Vorwürfe gegen Drosten, die einem Demontageversuch gleichkommen, in der Welt – und damit nicht nur **Zweifel an dessen Autorität**, sondern auch an den zitierten Wissenschaftlern. Dies ist als umso bedeutender einzuschätzen, als die Bild-Zeitung und bild.de zu den Presseorganen mit der größten Reichweite gehören.[10,] Misstrauen gegen Drosten und

---

[8] Beispielsweise: „Star-Virologe Christian Drosten (48) lag mit seiner wichtigsten Corona-Studie komplett daneben."; „Das hieße: Die Drosten-Forscher hätten ihre eigenen Zahlen falsch verstanden!"; „Das bittere Fazit des US-Professors: ‚Es gibt viele gute Argumente gegen eine schnelle Wiedereröffnung der Schulen, aber die Charité-Studie trägt nichts dazu bei'" (vgl. Piatov, 2020).

[9] Zum Beispiel Hanfeld (2020), Mast et al. (2020), Schmid (2020). Am 27. Mai Fries (2020).

[10] Im Mai 2020 hatte bild.de insgesamt 204,5 Mio. Besuche. Zum Vergleich: spiegel.de konnte im selben Zeitraum 114 Mio. Besuche verzeichnen und google.de 575 Mio. Siehe SimilarWeb (2021a, b, c).

„die Politik", die seinen Empfehlungen und Ratschlägen folgte, findet hier einen idealen Nährboden. Daran ändert auch nichts, dass der Deutsche Presserat gegen bild.de eine Rüge wegen journalistischen Fehlverhaltens aussprach, die folglich im Anschluss an den Beitrag veröffentlicht werden muss.[11]

Beispiel 3: Hendrik Streeck und die Heinsberg-Studie
Im April 2020 hatten Hendrik Streeck, Direktor des Instituts für Virologie der Universitätsklinik Bonn, und sein Team im Rahmen einer „COVID-19 Case-Cluster-Study" genannten Feldstudie – besser bekannt unter dem Namen „Heinsberg-Studie" – Infektionsverläufe und Ansteckungswege des Virus untersucht, um „Antworten für den Rest von Deutschland zu finden", so Streeck (Staatskanzlei NRW, 2020). Hierfür hatten sie in Gangelt im Kreis Heinsberg, dem ersten Corona-Hotspot Deutschlands, von insgesamt 919 Teilnehmenden aus 405 Haushalten Rachenabstriche und Blutproben genommen, um diese auf Antikörper zu untersuchen. Die Studie wurde von der NRW-Landesregierung mit € 65.000 mitfinanziert.

Eine Medienkampagne der PR-Agentur Storymachine, das sog. Heinsberg-Protokoll, begleitete die Entstehung der Studie inklusive Feldforschung auf den Social-Media-Kanälen von Facebook und Twitter (StoryMachine, 2020a, b). Ziel der Kampagne sei es, die Arbeit der Forscher*innen zu dokumentieren und die

---

[11] Der Deutsche Presserat sah es als erwiesen an, dass in diesem Beitrag gegen die journalistische Sorgfaltspflicht verstoßen wurde; siehe Piatov (2020). – In diesem Fall war die Ursache der Auseinandersetzung mit Bild journalistisches Fehlverhalten, doch auch in anderen Zusammenhängen monierte Drosten, seine in Interviews und Veröffentlichungen getroffenen Aussagen würden von den Medien verkürzt wiedergegeben und dadurch verfälscht (vgl. Zinkant, 2020).

Relevanz der Studie auch einer breiten Öffentlichkeit zu vermitteln.[12] Die Posts enthalten zahlreiche Bilder, die die Arbeit der Wissenschaftler*innen dokumentieren: Es wird gezeigt, wie Streeck und seine Mitarbeiter*innen mit Masken und Schutzanzügen den Teilnehmenden Speichelproben oder Blut abnehmen, aber auch, wie sie diese beim Ausfüllen von Formularen unterstützen, wie die Proben im Labor ausgewertet werden und wie die Wissenschaftler*innen sich zwischendurch bei einer Tasse Kaffee in den Gängen des Forschungsinstituts unterhalten. Dazwischen gibt es immer wieder Videos, auf denen diese von ihrer Arbeit berichten, was sie daran spannend finden und weshalb sie so wichtig sei. Auch Streeck selbst kommt zu Wort, sei es in Mitschnitten von Videokonferenzen oder in kurzen Textstatements. Alles in allem entsteht der Eindruck, die Arbeit der Forscher*innen hautnah mitzuerleben.

Auf einer Pressekonferenz, an der auch der nordrhein-westfälische Ministerpräsident Armin Laschet teilnahm, präsentierte Streeck bereits am 9. April 2020 noch vor Abschluss der eigentlichen Studie erste Ergebnisse: 14 % der Bevölkerung sei seropositiv, also immun gegen das Virus. Die akut Infizierten hinzugerechnet, könne eine Rate von 15 % nicht mehr infiziert werden. Auf dieser Grundlage sprach Streeck sich für eine Lockerung der Kontaktbeschränkungen aus. Allerdings sagte er nicht, ob er sich auf Gangelt bezog oder ob er annahm, seine Interpretation der Zwischenergebnisse könne auf ganz Deutschland übertragen werden.

---

[12] Hierzu Philipp Jessen, ehemaliger stern.de-Chefredakteur – neben Kai Diekmann, ehemaliger Bild-Chefredakteur, und Michael Mronz Mitbegründer von Storymachine in einem Interview mit Meedia (2020).

Wie im Fall der Drosten-Studie gab es auch hier Kritik, allerdings weniger an der Studie selbst, als vielmehr an den Begleitumständen (vgl. hierzu Schumann & Lüdemann, 2020). Ins Gewicht fallen drei Aspekte:

- Vor allem in Fachkreisen wurde kritisiert, dass ein Preprint der Studie erst gut drei Wochen später, Anfang Mai, publiziert wurde.[13] Andere (Fach-)Wissenschaftler*innen konnten die (vorläufigen) Ergebnisse der Studie daher nicht überprüfen und folglich nicht nachvollziehen, ob die Schlussfolgerungen, die Streeck daraus ableitete, gerechtfertigt waren. So blieb zunächst unklar, ob sich die Empfehlung, man könne die strengen Lockdown-Maßnahmen langsam lockern, auf Gangelt oder Deutschland bezog.
- Dass die Studie durch das Land Nordrhein-Westfalen mitfinanziert wurde, sorgte ebenfalls für Kritik, schienen die Zwischenergebnisse und die daraus gezogenen Schlussfolgerungen Armin Laschets Wünschen bezüglich der Corona-Maßnahmen entgegenzukommen (Parth et al., 2020).
- Die vermeintliche Dokumentation der Studie durch die Medienkampagne „Heinsberg-Protokoll" schließlich folgte aufmerksamkeitsökonomischen Prinzipien und verpackte den wissenschaftlichen Erkenntnisprozess in eine aufregende Geschichte. Problematisch hierbei war v. a., dass durch Storymachine offenbar ein Narrativ verfolgt wurde. Eine Untersuchung des Deutschen Rats für Public Relations (DRPR) ergab, dass bei der Suche nach Sponsoren bereits im Vorfeld feststand, dass die Berichterstattung eine bestimmte Tendenz verfolgen sollte (DRPR 2020):

---

[13] Eine kurze Zusammenfassung in einer Pressemitteilung der Universität Bonn (2020); Preprint der Studie Streeck et al. (2020).

Eine inhaltliche Vorbefassung scheint allerdings bereits in dem zur Sponsorengewinnung verfassten ‚Dokumentationskonzept' vorzuliegen, das im Vorfeld der Studienveröffentlichung erstellt wurde. Hier ist als Ziel formuliert ein ‚Narrativ zu setzen', und es sind bereits Botschaften enthalten die ‚Sondersituation in Heinsberg' so zu vermitteln, dass sie ‚repräsentativ für die Gesamtbevölkerung ist'.

Dies war für die Leser*innen des „Protokolls" jedoch nicht ersichtlich. Während sie annehmen mussten, hier würden Posts quasi live aus dem direkten Umfeld der Forscher*innen veröffentlicht, zeichnete für deren Inhalte tatsächlich Storymachine verantwortlich. Daher sprach der DRPR eine Rüge gegen Storymachine aus „wegen der Rufschädigung des Berufsstands durch unprofessionelles Verhalten".

Fazit:

- Dass die Studie selbst erst einige Wochen nach der Pressekonferenz, auf der erste Ergebnisse bekannt gemacht wurden, veröffentlicht wurde, ließ reichlich Zeit und Raum für Spekulationen über deren Validität wie auch über Handlungsoptionen, die daraus ableitbar gewesen wären. Wurden andere Wissenschaftler*innen wie Christian Drosten um ihre Einschätzung gebeten, so konnten sie nur darauf verweisen, dass sie nichts Genaues sagen konnten, weil sie keine weiteren Informationen hätten.[14] Damit wirkte es, als könne die wissenschaftliche Community keine Antworten auf die aktuell dringlichsten Fragen geben.

---

[14] Vergleiche z. B. Christian Drosten in einem Interview der Süddeutschen Zeitung vom 13. April 2020 (Zinkant, 2020).

- Aufgrund der Mitfinanzierung durch die nordrhein-westfälische Landesregierung und der Tatsache, dass die von Streeck getroffene Aussage das Ansinnen Laschets, die Beschränkungen schnellstmöglich aufzuheben, unterstützte, konnte der Eindruck entstehen, dass die medizinische Forschung hier auf Anweisung der Politik ein bestimmtes Ergebnis „produzieren" sollte (also käuflich sei oder „mit denen da oben" unter einer Decke stecke) – ein Vorwurf, der diversen verschwörungsideologischen Ansichten zugrunde liegt.
- Zunächst mag die Studie gerade aufgrund der emotionalisierenden und persönlichen Darstellung im „Heinsberg-Protokoll" positive Aufmerksamkeit und Akzeptanz erfahren haben. Der öffentlich ausgetragene Streit um die Objektivität der hier lancierten Informationen jedoch kann durchaus zu einem Vertrauensverlust in die Protagonist*innen der Studie und in die Studie selbst beitragen.

Die Verquickung von medialem Interesse, politischer Beteiligung und medizinischer Forschung konnte den Eindruck entstehen lassen, dass es hier nicht mehr um das objektive Erzielen von Studienergebnissen und eine neutrale Berichterstattung ging, sondern primär **Meinungssteuerung** betrieben werden sollte.

4 Implikationen für die Wissenschaftskommunikation

Die Coronapandemie zeigt, wie essenziell wissenschaftliche Forschung für die Bewältigung von gesellschaftlichen Krisen ist. Dies gilt natürlich nicht nur für medizinische Fragen, sondern genauso für Problematiken wie den

Klimawandel, den Umgang mit Ressourcen, (globale) Gerechtigkeit u. v. m. Die genannten Beispiele haben dabei alle gemein, dass für die Bewältigung der Herausforderungen jede*r Einzelne das eigene Verhalten anpassen muss, sei es durch das Tragen von Masken oder die Hinterfragung von Konsum- und Mobilitätsverhalten.

Eine derartige Verhaltensänderung ist allerdings nur dann nachhaltig, wenn verstanden wird, warum sie notwendig ist. Anderenfalls hält man sich vielleicht kurzzeitig daran, bald gewinnen aber Bequemlichkeit oder Konsumwünsche wieder die Oberhand. Daher ist es grundlegend, dass Wissenschaft dieses Verständnis schafft, und zwar indem folgende Aspekte adressiert werden:

- Nicht nur die Ergebnisse wissenschaftlicher Forschung müssen veröffentlicht, sondern auch ihre Bedeutung und Implikationen erklärt werden, sodass sie auch von der nichtfachlichen Öffentlichkeit nachvollzogen werden können.
- Darüber hinaus gilt es, den Erkenntnisprozess zu kommunizieren, um auch Laien eine Einordnung der Ergebnisse zu ermöglichen. Dass dies wichtig ist, zeigen u. a. Verschwörungsideologien, die die Tatsache des anthropogenen Klimawandels aufgrund der Unschärfe von Modellrechnungen zurückweisen. Hier muss vermittelt werden, dass Modelle zwar prinzipiell notwendigerweise unscharf sind, weil sie auf Annahmen beruhen, dass dies jedoch in keinster Weise den wissenschaftlichen Konsens zur anthropogenen Klimaerwärmung in Zweifel zieht.

Das Zusammenspiel von Wissenschaft und Medien ist bei diesem Prozess wesentlich. Denn auch wenn gerade im Zuge der Coronapandemie Expert*innen auch in nichtwissenschaftlichen Medien selbst publizistisch tätig geworden sind – der Podcast von Christian Drosten ist hier wohl das bekannteste Beispiel –, so wird eine große Reichweite doch in erster Linie von medial aufbereiteten Angeboten erzielt. Daneben ist die Einordnung aus einer gewissen Distanz heraus, wie sie von den Medien im Allgemeinen und Wissenschaftsjournalist*innen im Speziellen vorgenommen wird, wichtig. Zum Aufklärungsprozess gehört es aber auch zu verstehen, dass Wissenschaft und Medien letztendlich zwei unterschiedliche Akteure sind, die zwar oft die gleichen Gegenstände zum Inhalt haben – z. B. das Coronavirus –, deren Ziele und Methoden sich aber voneinander unterscheiden.

Mit diesem Wissen kann die Öffentlichkeit befähigt werden, sich tatsächlich eine informierte Meinung zu bilden. Verschwörungsideologien sollten es dann schwerer haben, epistemische Lücken für sich zu nutzen.

Literatur

Briand, S. [SCBriand]. (4. Februar 2020). It is important to differentiate asymptomatic from pre-symptomatic transmission [Tweet]. Twitter. https://twitter.com/SCBriand/status/1224608757784727552. Zugegriffen: 1. März 2021.

Charisius, H. (25. Januar 2021). „Es gab einen Haufen Hinweise, die wurden nicht ernst genommen". Interview mit Camilla Rothe. Süddeutsche Zeitung. https://www.sueddeutsche.de/gesundheit/corona-deutschland-camilla-rothe-aerztin-1.5185313. Zugegriffen: 1. März 2021.

Coronavirus-Update siehe NDR Info.

DRPR (2020). DRPR-Verfahren 01/2020, Fall: Heinsberg-Protokolle. https://drpr-online.de/wp-content/uploads/2020/06/2020-06-04_Beschluss_01-20_Heinsberg-Protokoll.pdf. Zugegriffen: 1. März 2021.

Engels, S. (13. Februar 2020). Geringe Sterblichkeit, überlastetes Gesundheitssystem. Christian Drosten im Gespräch mit Silvia Engels. Deutschlandfunk. https://www.deutschlandfunk.de/virologe-zum-coronavirus-geringe-sterblichkeit.694.de.html?dram:article_id=470165. Zugegriffen: 1. März 2021.

Franck, G. (1998). *Ökonomie der Aufmerksamkeit. Ein Entwurf.* München: Hanser.

Fries, S. (27. Mai 2020). Das Ende der Deutungshoheit. Deutschlandfunk. https://www.deutschlandfunk.de/bild-gegen-christian-drosten-das-ende-der-deutungshoheit.2907.de.html?dram:article_id=477507. Zugegriffen: 1. März 2021.

Götz, K., & Hespers, S. (2019). *Alternative Wirklichkeiten? Wie Fake News und Verschwörungstheorien funktionieren und warum sie Aktualität haben.* Bielefeld: Transcript.

Hanfeld, M. (26. Mai 2020). Die versuchte Vernichtung. *Frankfurter Allgemeine Zeitung.* https://www.faz.net/aktuell/feuilleton/debatten/bild-gegen-den-virologen-drosten-versuch-einer-vernichtung-16787133.html?service=printPreview. Zugegriffen: 1. März 2021.

Jones et al. (2020a). An analysis of SARS-CoV-2 viral load by patient age [Preprint]. https://zoonosen.charite.de/fileadmin/user_upload/microsites/m_cc05/virologie-ccm/dateien_upload/Weitere_Dateien/analysis-of-SARS-CoV-2-viral-load-by-patient-age.pdf. Zugegriffen: 1. März 2021.

Jones et al. (2020b). An analysis of SARS-CoV-2 viral load by patient age [Preprint] [Überarbeitete Ergebnisse der Studie vom 02.06.2020]. https://virologie-ccm.charite.de/fileadmin/user_upload/microsites/m_cc05/virologie-ccm/dateien_upload/Weitere_Dateien/Charite_SARS-CoV-2_viral_load_2020-06-02.pdf. Zugegriffen: 1. März 2021.

Kahneman, D. (2012). *Schnelles Denken, langsames Denken Übersetzt von Thorsten Schmidt* (2. Aufl.). München: Penguin.

Mast, M., Schumann, F., & Simmank, J. (26. Mai 2020). Skandal oder alles normal? Die Zeit. https://www.zeit.de/wissen/gesundheit/2020-05/bild-artikel-christian-drosten-corona-studie-schuloeffnung. Zugegriffen: 1. März 2021.

Meedia (9. April 2020). „HeinsbergProtokoll": Zum ersten Mal spricht Philipp Jessen über ein Storymachine-Projekt. Meedia. https://meedia.de/2020/04/09/heinsberg-protokoll-die-erste-eigene-arbeit-ueber-die-storymachine-spricht/. Zugegriffen: 1. März 2021.

NDR Info (2020, 2021). Das Coronavirus-Update von NDR Info. Podcast. https://www.ndr.de/nachrichten/info/podcast4684.html. Zugegriffen: 1. März 2021.

Parth, C., Polke-M. K., & Schlieben, M. (16. April 2020). Er holpert Richtung Exit. Die Zeit. https://www.zeit.de/politik/deutschland/2020-04/armin-laschet-corona-politik-krisenmanagement-markus-soeder/komplettansicht. Zugegriffen: 1. März 2021.

Piatov, F. (25. Mai 2020). Drosten-Studie über ansteckende Kinder grob falsch. Wie lange weiß der Star-Virologe schon davon? Bild. https://www.bild.de/politik/inland/politik-inland/fragwuerdige-methoden-drosten-studie-ueber-ansteckende-kinder-grob-falsch-70862170.bild.html. Zugegriffen: 1. März 2021.

Psiram [Wiki]. Verschwörungstheorien zur Covid-19 Pandemie 2019–2020. https://www.psiram.com/de/index.php/Verschwörungstheorien_zur_COVID-19_Pandemie_2019-2020. Zugegriffen: 1. März 2021.

Rothe et al. (2020). Transmission of 2019-nCoV Infection from an Asymptomatic Contact in Germany. *The New England Journal of Medicine, 382*, 970–971. https://www.nejm.org/doi/full/ https://doi.org/10.1056/NEJMc2001468. Zugegriffen: 1. März 2021.

Schäfer, P. (27. Januar 2021). Der Corona-Alarm, den viele nicht hörten. Interview mit Camilla Rothe. ZDFheute. https://www.zdf.de/nachrichten/politik/corona-camilla-rothe-tropenmedizin-webasto-china-100.html. Zugegriffen: 1. März 2021.

Schmid, K. (26. Mai 2020). Corona: „Bild"-Kampagne gegen Virologe Drosten? NDR Info. https://www.ndr.de/nachrichten/info/Bild-gegen-Virologe-Drosten,drostenkritik100.html. Zugegriffen: 1. März 2021.

Schumann, F. (3. Juni 2020). Genauer, leiser – Aber die Kernaussage bleibt. *Die Zeit*. https://www.zeit.de/wissen/gesundheit/2020-06/christian-drosten-studie-ansteckungsgefahr-durch-kinder-schuloeffnung-kritik/komplettansicht. Zugegriffen: 1. März 2021.

Schumann, F., & Lüdemann, D. (10. April 2020). Kritik an Corona-Studie aus Heinsberg. Die Zeit. https://www.zeit.de/wissen/gesundheit/2020-04/heinsberg-studie-coronavirus-hendrik-streeck-storymachine-kai-diekmann. Zugegriffen: 1. März 2021.

SimilarWeb (2021a). Anzahl der Visits von bild.de von März 2019 bis Januar 2021 (in Millionen). Statista. https://de.statista.com/statistik/daten/studie/1021430/umfrage/anzahl-der-visits-pro-monat-von-bildde/. Zugegriffen: 1. März 2021.

SimilarWeb (2021b). Anzahl der Visits von spiegel.de von März 2019 bis Januar 2021 (in Millionen). Statista. https://de.statista.com/statistik/daten/studie/1021418/umfrage/anzahl-der-visits-pro-monat-von-spiegelde/. Zugegriffen: 1. März 2021.

SimilarWeb (2021c). Anzahl der Visits von google.de von März 2019 bis Januar 2021 (in Millionen). Statista. https://de.statista.com/statistik/daten/studie/1021460/umfrage/anzahl-der-visits-pro-monat-von-googlede/. Zugegriffen: 1. März 2021.

Staatskanzlei NRW (27. März 2020). Kreis Heinsberg wird zur Erstregion: Wissenschaftsteam um Prof. Hendrik Streeck erforscht Infektionsgeschehen des Corona-Virus in Heinsberg. Pressemeldung. https://www.land.nrw/de/pressemitteilung/kreis-heinsberg-wird-zur-erstregion-wissenschaftsteam-um-prof-hendrik-streeck. Zugegriffen: 1. März 2021.

StoryMachine & Heinsbergprotokoll [hbergprotokoll]. (2020a). Heinsberg-Protokoll. Facebook. https://www.facebook.com/hbergprotokoll/. Zugegriffen: 1. März 2021.

StoryMachine & Heinsberg Protokoll [hbergprotokoll]. (2020b). Heinsberg-Protokoll. Twitter. https://twitter.com/hbergprotokoll?lang=de. Zugegriffen: 1. März 2021.

Streeck et al. (2020). Infection fatality rate of SARS-CoV-2 infection in a German community with a super-spreading event [Preprint]. https://www.medrxiv.org/content/https://doi.org/10.1101/2020.05.04.20090076v1. Zugegriffen: 1. März 2021.

Universität Bonn (4. Mai 2020). Ergebnisse der „Heinsberg-Studie" veröffentlicht. Pressemitteilung. https://www.uni-bonn.de/neues/111-2020. Zugegriffen: 1. März 2021.

Wellcome (31. Januar 2020). Sharing research data and findings relevant to the novel coronavirus (COVID-19) outbreak. https://wellcome.org/coronavirus-covid-19/open-data. Zugegriffen: 1. März 2021.

WHO (2005). International health regulations (3. Aufl.). https://apps.who.int/iris/bitstream/handle/10665/246107/9789241580496-eng.pdf. Zugegriffen: 1. März 2021.

Zinkant, K. (24. April 2020). „Als Wissenschaftler schafft man keine Fakten". Interview mit Christian Drosten. Süddeutsche Zeitung. https://www.sueddeutsche.de/gesundheit/christian-drosten-corona-krise-coronavirus-virologen-1.4887512?print=true. Zugegriffen: 1. März 2021.

Katrin Götz-Votteler (Dr.phil.) und Simone Hespers (Dr. phil.) sind beide wissenschaftliche Mitarbeiterinnen am Zentralinstitut für Wissenschaftsreflexion und Schlüsselqualifikationen (ZiWiS) der Friedrich-Alexander-Universität Erlangen-Nürnberg (FAU). Als promovierte Sprachwissenschaftlerin bzw. Kunsthistorikerin beschäftigen sie sich seit einigen Jahren gemeinsam mit Mechanismen der öffentlichen Meinungsbildung und ihren Implikationen für die Wissenschaftskommunikation. In der Lehre widmen sie sich einerseits der Vermittlung studienrelevanter Kompetenzen, andererseits sensibilisieren sie für aktuelle gesellschaftliche Fragen wie Fake News, Verschwörungstheorien oder Konzepte der Nachhaltigkeit.

Die „Plandemie": Verschwörungserzählungen und Wahrheitsprobleme in der Coronapandemie

Jan Skudlarek

Bei einem Fotovergleich, bei wessen Amtseinführung mehr Menschen anwesend waren, verteidigte die damalige Regierungsberaterin von Donald Trump, Kellyanne Conway, die Aussage, Trump habe mehr Publikum angezogen als Obama. Da staunten Wissenschaftler, da staunten Philosophen, im Prinzip staunte die ganze Weltöffentlichkeit nicht schlecht – offenkundig war das Gegenteil der Fall. Bei Trump war, für jeden erkennbar, gähnende Leere dort zu sehen, wo Obama seinerzeit Menschenmassen versammelt hatte. Klar, so Kellyanne

J. Skudlarek (✉)
Fakultät Gesundheitswissenschaften (Ethik-Dozentur),
Medical School Berlin, Berlin, Deutschland
E-Mail: jan.skudlarek@dozent.medicalschool-berlin.de

© Der/die Autor(en), exklusiv lizenziert durch Springer-Verlag GmbH, DE, ein Teil von Springer Nature 2021
M. C. Bauer und L. Deinzer (Hrsg.), *Zwischen Wahn und Wahrheit*,
https://doi.org/10.1007/978-3-662-63641-1_6

Conway, das eine seien die Fakten, aber das andere dann eben „alternative Fakten".[1]

Die Einführung alternativer Fakten bei klaren, objektiven, physischen Tatsachen empfanden viele von uns damals als haarsträubend. Im Gegensatz zum Beweis dunkler Materie oder der Suche nach bewohnbaren erdähnlichen Planeten ist die faktische Komplexität des Menschen-auf-Fotos-Zählens überschaubar. Insbesondere, da es ja nicht um einen ganz marginalen Unterschied ging, sondern jeder sofort sah, dass bei Obama 2009 zehn-, eher hunderttausende Menschen mehr anwesend waren. „This was the largest audience to ever witness an inauguration – period.", war nichtsdestoweniger der grantig-vehemente Wortlaut von Sean Spicer, des damaligen Regierungssprechers im Januar 2017.[2]

Seitdem ist einiges passiert. Die Unwahrheiten, Lügen und Verschwörungserzählungen, mit denen sich die internationale Öffentlichkeit in den Folgejahren der Trump-Präsidentschaft und, nahtlos übergehend, in der Coronapandemie konfrontiert sah, ließen die klar wahrheitswidrige Behauptung, bei Trumps Amtseinführung seien mehr Menschen zugegen gewesen als bei Obama, mehr als bei *jeder anderen,* nachträglich wie eine kleine, harmlose, zu vernachlässigende Flunkerei erscheinen. Die Achterbahnfahrt, auf der sich der Wahrheitsbegriff seitdem befindet, ist wild, man möchte fast sagen: wahnsinnig. Und nirgends ein Techniker in Sicht, der die Achterbahn stoppen könnte.

Nicht ohne Grund spricht man von einem post-faktischen Zeitalter (Hendricks und Vestergaard 2018).

---

[1] Kellyanne Conway im Gespräch mit dem Nachrichtensender NBC (Polit-Talksendung *Meet the Press,* Interview vom 22. Januar 2017).
[2] Pressekonferenz des Weißen Hauses vom 21. Januar 2017.

Schon 2016, ohne wissen zu können, wie sich die nächsten Jahre entwickeln würden, kürte die Gesellschaft für deutsche Sprache (GfdS) „postfaktisch" mit prophetischer Weitsicht zum Wort des Jahres.[3] Die Wahrheitskrise, die mit jahrelangem US-amerikanischen Trumpismus und internationalen Populismus ihren Lauf nahm, kulminierte auf geradezu spektakuläre Weise in der weltweiten Coronapandemie ab Winter bzw. Frühling 2020. Spätestens dann nahm die Achterbahnfahrt unseres geliebten Wahrheitsbegriffs derart viele Loopings, Schrauben und Talfahrten, dass niemand mehr wusste, wo unten und oben ist:

Corona – Biowaffe aus dem Labor.
Die Pandemie – in Wahrheit eine „Plandemie" (d. h. orchestriert).
Bill Gates – will uns tödliche Mikrochips verimpfen.
Lockdown und Impfschutz – erste Schritte hin zu einer totalitären, menschenfeindlichen Weltregierung (die allseits gefürchtete *New World Order*).

Desinformation hier, Verschwörungstheorie da. Spekulationen verloren jedwede empirische Bodenhaftung. Corona hat vieles verschlimmert und beschleunigt, was eh schon da war. Die epistemische Verunsicherung führte einerseits zu kollektiver Polarisierung und Lagerbildung, andererseits, aller Lagerbildung zum Trotz, wirkten einige Menschen singularisiert, auf sich selbst zurückgeworfen, desorientiert. Viele wussten im Krisenmodus nicht mehr, was sie glauben sollen – und wem.

Nichts davon kam vom gestern auf heute. Wir haben es mit einer graduellen Erosion des Wahrheitsbegriffs zu tun. Anders formuliert: Wir stecken in einer Glaubwürdigkeitskrise. Verlieren Menschen und Menschengruppen

---

[3] https://gfds.de/wort-des-jahres-2016/.

das Vertrauen ineinander, werden Verschwörungstheorien Normalität.

Reden wir über Verschwörungstheorien, müssen wir klären, was wir damit meinen. Eine ungefähre Vorstellung haben wir wohl alle. Das Attentat auf John F. Kennedy – ganz anders abgelaufen als offiziell erzählt. Die Bilder von der Mondlandung entstammen einem irdischen Filmstudio. Der Militärkomplex Area 51 beherbergt Ufos. Filme wie *JFK* von Oliver Stone (1991), Bücher wie *Sakrileg* von Dan Brown (2004) oder Serien wie *Akte X* verarbeiten die Ahnung, von einer sehr mächtigen Gruppe innerhalb oder außerhalb der Regierung nach Strich und Faden belogen und manipuliert zu werden. Verschwörungstheorien wurden in der zweiten Hälfte des 20. Jahrhunderts popkulturelles Reflexionsobjekt; und blieben nichtfiktionale bürgerlich-politische Obsession gleichermaßen (zur historischen Entwicklung von Verschwörungstheorien siehe Butter 2018, S. 139–178).

Das Aufkommen des Internets machte nichts besser. Plötzlich konnten konspirativ denkende Menschen sich mit Leichtigkeit vernetzen und zu den klassischen Verschwörungstheorien, die weiterhin bestehen, kamen viele weitere hinzu. Zum Mondlandungs-Fake usw. gesellen sich jetzt Verschwörungstheorien über

> **Chemtrails**, d. h. hinter dem harmlosen, kältebedingten Phänomen der Flugzeugkondensstreifen verberge sich eine gezielte Vergiftung der Bevölkerung
> **11. September**, d. h. die Anschläge auf das World Trade Center am 11. September 2001 seien nicht Osama Bin Laden und seinen Terroristen zuzurechnen, sondern der Regierung selbst, die die Anschläge entweder wissend hat geschehen lassen (Let-it-happen-Theorie) oder gar selbst herbeigeführt hat (Made-it-happen-Theorie; s. z. B. Knight 2008)

QAnon, d. h. ein anonymer Hinweisgeber namens Q würde einen „Staat im Staate" („deep state") aufdecken und zu Fall bringen wollen; diese Verschwörungstheorie beruht im Wesentlichen auch auf der Annahme einer pädophilen, korrupten Elite, die insgeheim die Weltgeschicke lenke[4]

Und ab 2020 eben Coronaspekulationen noch und nöcher: Schon im März 2020 gab es einen internationalen, schwer überschaubaren Wildwuchs an Verschwörungserzählungen – Corona mal als göttliche Strafe, mal als amerikanisch-zionistisches Komplott, dann als bereits 1981 in einem Roman vorhergesagte Prophezeiung (Gensing 2020).

Wir sehen: Auf der Beispielsebene geht es wild her. Aber was haben diese Beispiele gemeinsam? Gibt es strukturelle Unterschiede? Gemeinsame Nenner? Klären wir das Begriffliche. Um zu verstehen, in welchem Verhältnis Verschwörungstheorien zur Wahrheit stehen und welche Funktionen sie erfüllen, gilt es zu klären, was eine Verschwörungstheorie überhaupt ist.

Je nachdem, wen man fragt, erhält man auch hier unterschiedliche Antworten. Meine lautet wie folgt (Skudlarek 2019, S. 60 ff.): Eine Verschwörungstheorie ist ein Bündel spekulativer Annahmen oder gar eine ganze Erzählung (weswegen es meines Erachtens nicht falsch ist, von Verschwörungserzählungen zu sprechen) mit mehreren Kernelementen: die große Täuschung, die Bedrohung und die Hintermänner.

---

[4] Wie QAnon und verwandte Erzählungen sich verbreiten, wird immer mehr Gegenstand empirischer Untersuchungen (s. z. B. Papasavva 2020).

1. **Die große Täuschung (und die geheime Wahrheit)**
   Verschwörungstheoretiker gehen davon aus, dass die Dinge „anders sind, als sie scheinen".[5] Aus konspirativer Sicht werden wir belogen, manipuliert, betrogen, getäuscht. Es gibt ein Lügenkonstrukt, das uns meist ein „medialer Mainstream" auftischt – in Wahrheit verhalten sich die Dinge anders. Die Wahrheit ist aus Verschwörungstheoretikerperspektive immer hintergründig und geheim; und muss von einigen besonders wachsamen, aufgeklärten, skeptischen Menschen herausgefunden werden.
2. **Die Bedrohung**
   Die geheime Wahrheit, der Verschwörungstheoretiker auf der Spur sind (respektive auf der Spur zu sein glauben), hat in der Regel einen Bedrohungscharakter. Es sind immer bittere Pillen, die es zu schlucken gilt: Die Regierung steckt hinter 9/11, die Presse lügt systematisch, Impfungen machen in Wirklichkeit krank, die Wahlen sind gefälscht, Corona ist eine Biowaffe und/oder ein Ablenkungsmanöver oder komplett vorgetäuscht und somit inexistent – etc. Oft ist das Bedrohungsszenario verbunden mit einer Handlungsaufforderung:
   „Es ist fünf vor zwölf und wenn wir jetzt nicht schnell handeln und den Bösen das Handwerk legen, dann sind wir alle dem Untergang geweiht!", so der Subtext.
3. **Mächtige Hintermänner**
   Diejenigen, die die große, bedrohliche Täuschung organisieren und aus dem Off orchestrieren, sind mächtig und einflussreich – sonst könnten sie es schlichtweg nicht. Die bösen Akteure, die Verschwörungstheoretiker

---

[5] Weswegen das Buch von Michael Butter zum Thema sinnvollerweise heißt: „Nichts ist, wie es scheint" (Butter 2018).

im Zentrum ihrer vermeintlich durchschauten Verschwörung imaginieren, mögen sie Bill Gates, Angela Merkel, „die Globalisten" oder „die Illuminaten" heißen – prinzipiell ist es egal. Fest steht jedoch, dass als strukturelles Merkmal jeder Verschwörungstheorie eine Gruppe Bösewichte auftaucht. Ohne Bösewichte kein Böses. In diesem poetologischen Aspekt gleichen sich Konspirationserzählungen und jedes James-Bond-Drehbuch.

Zusammenfassend können wir festhalten, dass eine Verschwörungstheorie eine spekulative Aussage respektive ein Bündel spekulativer Aussagen ist, die davon handelt, dass eine arglose Öffentlichkeit insgeheim von böswilligen Machtzirkeln belogen, manipuliert und bedroht wird. Dadurch entsteht ein Handlungsbedarf bzw. Handlungsdruck, der schlussendlich auch gewaltvolle Handlungen legitimiert, weil sie vermeintliche Selbstverteidigung sind (dazu später mehr).

Eine weitere, in meinen Augen sehr präzise ausformulierte Definition stammt von Nocun und Lamberty (2020, S. 18):

„Eine Verschwörungserzählung ist eine Annahme darüber, dass als mächtig wahrgenommene Einzelpersonen oder eine Gruppe von Menschen wichtige Ereignisse in der Welt beeinflussen und damit der Bevölkerung gezielt schaden, während sie diese über ihre Ziele im Dunkeln lassen."

Auch hier werden die wesentlichen Elemente benannt. Das Gefühl der Bedrohung, die subjektiv empfundene Manipulation, die narrativen Aspekte. Deutlich wird auch ein Unterschied in der Begrifflichkeit: Nocun und Lamberty sprechen von Verschwörungserzählung, ich wiederum sowohl von Verschwörungstheorie als auch Verschwörungserzählung; andere präferieren Verschwörungsmythos (z. B. Blume 2020); Verschwörungsideologie findet ebenfalls Verwendung. Die korrekte Bezeichnung ist im deutschsprachigen Raum selbst zum Streitpunkt geworden. Ich persönlich vertrete den Standpunkt, dass begriffliche Präzision einerseits wichtig ist und man gern unterschiedliche semantische Schwerpunkte legen darf (mit -erzählung betonen wir die narrative Struktur konspirativer Sichtweisen, die in der Tat verständnisrelevant ist; mit -ideologie liegt der Blick auf der weltanschaulichen Einbettung). Andererseits gibt es kaum gute Gründe, sich über die Begrifflichkeiten zu zerstreiten und der Amerikanist Michael Butter liefert meines Erachtens überzeugende Argumente, warum Verschwörungstheorie weiterhin die beste Bezeichnung bleibt; Butter betont die formale Struktur, die Verschwörungstheorien mit Alltags- oder Wissenschaftstheorien verbindet (vgl. Butter 2020). Die ganze Diskussion scheint zudem eine sehr innerdeutsche Begriffsverwirrung zu sein, die die internationale interdisziplinäre Forschung, die schlichtweg weiter „*conspiracy theory*" verwendet, nicht übermäßig tangiert.

Wichtig ist, dass man sich im Wesentlichen inhaltlich einig ist – und das ist man. Verschwörungstheorien sind dramatische Geschichten von Bedrohungen, geheimen Plänen und dunklen Machenschaften. Ein wichtiger epistemischer Aspekt sei hier noch genannt: Verschwörungstheorien sind nicht lediglich wilde Hypothesenbündel, nein, sie sind in der Regel wilde Hypothesenbündel mit der Tendenz zur offenen Unwahrheit. Verschwörungsideologen haben ein gestörtes Verhältnis zum Beweis und überhaupt zum Akt des Beweisens, weil sie ihn in ihrem (eigentlich pseudo-)theoretischen Konstrukt nicht benötigen. Es ist nicht so, dass Menschen, die behaupten, Corona sei eine Biowaffe, dann mit handfesten Beweisen daherkommen, die diese Thesen verifizieren.[6] Im Gegensatz zu wissenschaftlichen Theorien überspringen Verschwörungserzählungen den Akt des Beweisens; dies hat den Grund, dass in einem Weltbild des Getäuschtwerdens (und darum handelt es sich) die Funktion und Aussagekraft von Beweisen und Indizien eine untergeordnete Rolle spielen.[7]

An dieser Stelle sind ein paar Worte angebracht, die die erkenntnistheoretische Vorgehensweise von Verschwörungserzählungen genauer reflektieren. Es offenbart sich bei der konspirativen Methode nämlich ein fundamentales Missverhältnis zwischen *raten* und *wissen:* Während Wissenschaftler und Wissenschaftlerinnen

---

[6] Schlagzeilen machte Anfang 2021 der Hamburger Physikprofessor Roland Wiesendanger, der in einer „Studie", die seriöse und komplett unseriöse Quellen spekulativ vermischt (zitiert werden u. a. YouTube und diverse populistische Quellen), Indizien für die These sammelte, die Coronapandemie sei ein Laborunfall. Das anschließende mediale Echo war groß und zu Recht voller Kritik; ich persönlich sehe in der Pressemitteilung (Wiesendanger 2021) nicht nur die Verbreitung und akademische Legitimierung einer eh schon grassierenden Verschwörungserzählung, sondern einen Reputationsschaden für die Universität Hamburg. Wiesendangers kontroversen Vorstoß als Diskussionseinladung zu präsentieren („Mit der Veröffentlichung soll nun eine breit angelegte Diskussion angeregt werden, […]"), macht das Ganze nicht besser (oder wissenschaftlicher). Wir diskutieren ja auch nicht, ob Bill Gates die Pandemie vielleicht doch geplant hat, obwohl sich da endlos YouTube-Videos und populistisch-konspirative Quellen finden lassen. Wer Verschwörungserzählungen unkritisch diskutiert und als mögliche Wahrheiten in den Raum stellt, legitimiert sie und trägt nicht nur zu ihrer Verbreitung, sondern auch zu ihren negativen Folgewirkungen bei.

[7] Ein interessantes Paradoxon: In der konspirationistischen Weltsicht haben wir es mit einem mächtigen, korrupten, insgeheim die Welt lenkenden Machtkreis zu tun, der zwar kompetent genug ist, einen Großteil der Menschheit effektiv an der Nase herumzuführen, aber zu inkompetent, um seine Spuren so zu verwischen, dass nicht jeder Interessierte ihre Machenschaften mit etwas googlen und ein paar YouTube-Videos mühelos enttarnt. Die hochkomplexe Pandemie ist in Wahrheit eine professionell inszenierte „Plandemie" – und ertappt werden die Übeltäter u. a. von Schlagersänger Michael Wendler (und seinem Smartphone).

forschen, bis sich ihr Modell als korrekte Wirklichkeitsbeschreibung erweist, können Konspirationisten nach dem Könnte-doch-sein-Prinzip komplett unbewiesene Behauptungen in den Raum stellen, von denen sich, wie bei jeder Raterei, im Nachhinein einige wenige als halbwahr oder gar wahr herausstellen können. Wer zum Beispiel eh vermutet hat, dass der Internetverkehr von Geheimdiensten observiert wird, hat durch die zu Recht skandalträchtigen Enthüllungen von Edward Snowden eine Bestätigung erfahren. Das ändert jedoch nichts an der Tatsache, dass die Theorie „Geheimdienste überwachen uns" keine besonders kreative oder waghalsige Theorie ist, erstens, und zweitens ändert es nichts an der Tatsache, dass die meisten von uns nicht in den Nachrichtendiensten tätig sind und daher keinen Einblick in deren interne Arbeitsabläufe haben und Spekulationen diesbezüglich nun mal sind und bleiben, was sie sind: Spekulationen. Hier tut sich erneut der fundamentale, wichtige Unterschied zwischen Wissen und Raten auf, den Verschwörungsideologen gern – und auch im Fall von Corona – komplett zu ihren Gunsten ignorieren: Raten ≠ Wissen.

Richtig geraten ≠ die ganze Zeit gewusst

In meinem Buch *Wahrheit und Verschwörung* schreibe ich zu dieser erkenntnistheoretischen Verwechslungsleistung folgendes (Skudlarek 2019, S. 189): „Blindes Herumstochern hat selten zu nennenswertem Erfolg geführt. Selbst wenn sich eine Spekulation als wahr herausstellt: Es besteht ein fundamentaler Unterschied darin, *ob ich korrekt rate,* dass du 17 Münzen in deinem Portemonnaie hast, *oder ob ich weiß,* dass du 17 Münzen in deinem Portemonnaie hast."

In diesem Sinn sind Verschwörungstheorien auch keine Theorien; nichtsdestoweniger haben sie Theorieanspruch. Es sind Möchtegerntheorien. Ihr (falsches) Selbstverständnis als Theorien ist meines Erachtens ein weiterer Punkt, der die Redeweise Verschwörungstheorie rechtfertigt. Auch wenn i. d. R. falsches, wahrheitswidriges Wissen generiert wird, ändert das nichts an der Tatsache, dass Verschwörungstheoretiker gern Wissen generieren *würden*, wenn sie denn nur *könnten*.

Geht es um das Thema konspirative Denkweisen, entsteht schnell der Eindruck, das sei kein Massenthema, sondern lediglich die isolierte Wirklichkeitswahrnehmungsweise einiger weniger Verwirrter. Dieser Eindruck ist grundfalsch. Eine Online-Befragung des Meinungsforschungs-Start-ups Appinio (Flaig 2020) ergab, dass auf die Frage „Glaubst du, dass geheime Mächte für die Corona-Pandemie verantwortlich sind?", zwar 36 % der Meinung waren „Nein, natürlich nicht" und 22 % dachten „Nein, das glaube ich eher nicht"; 14 % wiederum waren unentschlossen und 20 % antworteten „Ja, könnte ich mir vorstellen" und 9 % sagten „Ja, da bin ich mir sicher". Fast ein Drittel der Befragten vermutet hinter Corona also eine gut geplante und durchgeführte Inszenierung geheimer Mächte.

Etwa 30 % sind alles andere als wenig. Kulturhistorisch gesehen bestätigt sich der Eindruck, dass es sich beim Verschwörungsglauben eher um ein Phänomen mit Breitenwirkung handelt. Michael Butter weist in seiner historischen Rekonstruktion der Kulturgeschichte der Verschwörungstheorien darauf hin, dass diese in der Regel nicht marginalisiert vorkamen, sondern, im Gegenteil, über Jahrhunderte wichtiger Teil des epistemischen Mainstreams waren (Butter 2018, S. 147f.):

> Als integraler Bestandteil des politischen Diskurses waren Verschwörungstheorien in der Frühen Neuzeit, wie schon zuvor in der Antike, vollkommen legitimes Wissen. Sie wurden von Eliten ebenso wie von der breiten Masse der Bevölkerung geglaubt und verbreitet;

ihre Grundannahmen wurden nicht angezweifelt. Daran änderte auch die mit der beginnenden Aufklärung einsetzende Säkularisierung nichts. [...] Im Gegenteil: Da Gott nun nicht mehr derjenige war, der die Fäden in der Hand hielt, und die Modelle der modernen Sozialwissenschaften noch nicht zur Verfügung standen, wurden konspirationistische Erklärungen noch attraktiver, weil sie es erlaubten, weiterhin an eine geordnete Welt zu glauben, in der für Chaos und Kontingenz kein Platz war.

Das ging bis ins 20. Jahrhundert so. Um ein Beispiel für eine tradierte, destruktive Verschwörungstheorie zu nennen, die – nicht isoliert, aber dennoch – die Welt in großes Unglück gestürzt hat, ist die von den Nationalsozialisten aufgegriffene und propagierte Verschwörungserzählung von der „Jüdischen Weltverschwörung" zu nennen. Sie wurde in großen Teilen der Gesellschaft aufgegriffen und tradiert. Antisemitische Verschwörungserzählungen sind leider bis heute fester Bestandteil des öffentlichen Mindsets, wenn auch in marginalisierter Form.

Die grundlegende Bereitschaft, konspirative Erzählungen als tradierfähiges, die Wirklichkeit im Wesentlichen adäquat beschreibendes Wissen anzuerkennen, lässt sich also über Jahrhunderte zurückverfolgen. Mit der Coronapandemie gewann die Präsenz von Verschwörungstheorien im öffentlichen Raum noch eine neue Qualität. Auch wenn subjektiv durchaus der Eindruck entstanden ist, dass wir es mit einem starken Anstieg der Verschwörungstheoriegläubigen zu tun haben, muss dies objektiv gar nicht der Fall sein. Gestiegen ist, krisenbedingt, vor allem die Sichtbarkeit.

Warum ist das so?

Der Kontrollverlust in der Coronakrise macht es möglich. Verschwörungstheorien sind oft Versuche einer Rückgewinnung von Kontrolle – das hat die Sozialpsychologie schon häufiger bewiesen (s. van Prooijen und Acker 2015; Lamberty und Imhoff 2021). Konspirationserzählungen bringen Ordnung in ein ungeordnetes Weltbild. So wird im Handumdrehen ein chaotisch wildwucherndes Virus zum geplanten, mit geordneter Präzision ausgeführten Anschlag. In diesem Denkmodell gleich mitgeliefert: Schuldige. Anders formuliert: Feinde.

Wer an böse Mächte glaubt, die rücksichtslos aus dem Off alles Mögliche zu ihrem eigenen Profit inszenieren, hat ein Modell gefunden, das eine überwiegend unkontrollierbare Wirklichkeit wieder kontrollierbar macht. Ein Virus wie das Coronavirus (und seine Mutanten), das plötzlich da ist, auf Menschen einwirkt, unsere Gesundheit und Lebensweise gleichermaßen bedroht, stellt schlichtweg einen Kontrollverlust dar – für diese Erkenntnis muss man gar nicht erst Kneipenbesitzer, Modeverkäufer oder Hotelier sein. Wir alle haben es erlebt, diese radikale Umkrempelung der Normalität. Die Veränderungen im Tagesablauf, sowohl subjektiv als auch gesellschaftlich. Konspirative Gedanken sind in dem Sinn Versuche einer Rückgewinnung verlorener Kontrolle, „weil sie es erlaubten, weiterhin an eine geordnete Welt zu glauben, in der für Chaos und Kontingenz kein Platz [ist]", um Michael Butter zu zitieren (siehe oben).

Die Coronapandemie hat einige neue Verschwörungserzählungen und mit ihnen neue Player ins öffentliche Bewusstsein gerückt, welche diese Erzählungen teilen, weitertragen, propagieren. Neben konspirativen Institutionen wie dem Kopp Verlag, der seit Jahren Umsätze macht mit esoterischer, verschwörungstheoretischer und rechtsalarmistischer Literatur[8,] und bereits etablierten,

---

[8] Das alarmistische Programm und die allgemeine Vorgehensweise des Kopp Verlags stehen seit Jahren immer wieder in der Kritik (s. z. B. Brosel et al. 2020).

seit Jahren szeneaktiven Akteuren wie Ken Jebsen, Eva Herman usw., ist vor allem ein Mann aufgefallen, der sowohl ein großes mediales Echo als auch eine große netzmediale Gefolgschaft aufbauen konnte: Attila Hildmann. Hildmann (*1981), der über Jahre als veganer Koch, Kochbuchautor und Betreiber von Restaurants zu moderater Bekanntheit kam, vollzog frühzeitig zu Beginn der Pandemie einen Imagewandel vom exzentrischen, aber des politischen Extremismus unverdächtigen C-Promi hin zum extremistischen Verschwörungstheoretiker. Hildmann, gegen den der Brandenburger Staatsschutz seit Sommer 2020 ermittelt und der seit Februar 2021 per Haftbefehl wegen Volksverhetzung, Beleidigung und Bedrohung gesucht wird[9], veröffentlicht täglich, tagsüber oft stündlich, Internetpostings, bei denen Aggressivität und Unwahrheit sich im Wettstreit überbieten.

Wie es beim Coronavirus sogenannte Superspreader gibt, die besonders viele andere Menschen anstecken, existieren analog dazu in der Verschwörungstheorieszene einzelne Akteure, die besonders viele Menschen mit ihrem konspirativ-viralen Content erreichen. Hildmann ist so ein Superspreader. Der Messengerdienst seiner Wahl: Telegram. Dort erreicht er, Stand April 2021, um die 115.000 Follower (bei denen, zugegebenermaßen, nicht klar ist, wie viele ernsthaft folgen und wie viele von ihnen „Katastrophentouristen" sind, die mehr oder minder amüsiert mitlesen).

Seine Hasspostings können sich in langen Suaden entladen, die auf Außenstehende zwar grotesk sondergleichen wirken, für Eingeweihte jedoch von Interesse sind, weil sie eine Vielzahl an Einzelerzählungen aufgreifen, zitieren

---

[9] https://www.faz.net/aktuell/gesellschaft/kriminalitaet/attila-hildmann-wegen-volksverhetzung-per-haftbefehl-gesucht-17213959.html, s. auch https://twitter.com/gstaberlin/status/1375062023021690881.

und weiterspinnen. Sein Publikum ist i. d. R. davon nicht abgeschreckt, sondern fühlt sich abgeholt. Hier ein Beispiel für seine wirklichkeitsfremden, diverse Verschwörungserzählungen inkludierenden Predigten (es geht u. a. um den Haftbefehl gegen ihn; Attila Hildmann, Telegram, 24.02.2021, 08:35):

> [...] Der echte Grund für den Haftbefehl ist, dass man mich ruhig stellen will, da die nächsten 6 Monate entscheidend sind für ihre Diktatur-Absicherung! Natürlich werden sie lockern, aber das alles an Bedingungen koppeln wie Selbsttests (Die Tests sind Genabstriche und Nano-Implantate), QR-Code für Freiheit aus Sektor, Impf-Pass fürs Reisen! Sie etablieren ein Totalüberwachungssystem wie in China! Während sie jetzt also MICH per Haftbefehl suchen sperrt Mao-Merkel weiter Deutsche wie Tiere ein, entrechtet und enteignet sie, zerstört Mittelstand, Kleinunternehmen und sogar die Autoindustrie (Deal mit China) und ermordet die Alten mit ihren Genscheren-Spritzen (sie verändern die Genetik, sagt sogar Zuckerberg), foltert die Kinder mit Masken, Spritzen und strafrechtlicher Verfolgung beim Fussballspiel und koppelt Freiheit und offene Läden und Wirtschaftskraft daran, ob sich alle Menschen "impfen" lassen, denn die Pandemie ist erst vorbei "wenn alle Menschen auf der Welt geimpft sind!" (O-Ton Merkel)! Es ist eine GIGANTISCHER PHARMAKOMPLOTT ZUR ERRICHTUNG DER NEUEN WELTORDNUNG! Für die polnische Jüdin Mao-Merkel (Aniela Kazmierczak, geborene Kasner) braucht es einen Haftbefehl und nicht für mich! Unter Merkel, Spahn, Laschet, Söder und Müller geht Deutschland unter, unter Hildmann wird Deutschland auferstehen! ALLES WAS SIE ERZÄHLEN IST EINE LÜGE! ES GIBT KEINE PANDEMIE UND KEIN VIRUS! ALLES MÄRCHEN, DAMIT SIE EUCH DIE GENSPRITZE REINRAMMEN KÖNNEN! LASST EUCH NICHT IMPFEN, ES SIND KEINE IMPFUNGEN! ES IST

EIN GENETISCHER EINGRIFF, SIE VERÄNDERN EURE VERERBUNG MIT "GENE-EDITING"! Gates finanzierte Gene-Editing-Forschung und ließ das an Mäusen austesten! Sie sollten nur weibliche Nachkommen bekommen, es funktionierte durch Injektion von RNA! Die ganze Population starb nach einer Generation durch fehlende Männchen aus! EXAKT DAS GLEICHE wollen sie jetzt mit den Menschen machen! Es geht um Völkermord!"

Hildmann versammelt diverse Verschwörungserzählungen in einem einzelnen längeren Posting:

1. **Corona als Beginn einer Diktatur** (*"[...] entscheidend für ihre Diktatur-Absicherung!"*). Eine typische Verschwörungserzählung, die die temporären Infektionsschutzmaßnahmen zum Ende der Demokratie in Deutschland (oder weltweit) umdeuten
2. **Geheime Implantate** (*"Die Tests sind Genabstriche und Nano-Implantate"*). Klandestine Eingriffe in den Körper, auch mittels hochentwickelter Technologie, gehört zu den Klassikern der konspirativen Klaviatur. Der Autor kann sich sicher sein, dass er sofort verstanden wird. Zur Erinnerung: Die Angst, im Auftrag von Bill Gates einen Mikrochip implantiert zu bekommen, ist bei aller offensichtlichen Absurdität eine coronakonspirative Kernerzählung.
3. **Totalüberwachung** (*"Sie etablieren eine Totalüberwachung [...]"*). Eine der bekanntesten Verschwörungserzählungen überhaupt: Die Fiktion eines schon bald drohenden, jeden Lebensbereich überwachenden Staats.
4. **Impfung als Mord** (*"[...] und ermordet die Alten mit ihren Genscheren-Spritzen"*). Ganz im Sinn des Nichts-ist-wie-es-scheint-Prinzips sind die Coronaimpfstoffe in

der konspirationistischen Weltsicht keine Präventionsstoffe vor einer Erkrankung mit dem Coronavirus, sondern eine Gefahr. Die nobelpreisprämierte CRISPR/Cas9-Genschere wird zum Schreckenskonstrukt. „Die Alten" sind deswegen in Gefahr, weil Deutschland ältere Menschen zuerst geimpft hat.

5. **Absichtliche Wirtschaftskrise** (*„zerstört Mittelstand [...] enteignet sie"*). Übliche Erzählung ist in solchen Kreisen, dass die wirtschaftlichen Nebeneffekte, Restaurantinsolvenzen usw. nicht ein ungewollter Nebeneffekt der Infektionsschutzmaßnahmen sind, sondern eigentliches Ziel. Eine veränderte ökonomische Landschaft soll ein neues Herrschaftssystem ermöglichen.

6. **Big-Pharma/neue Weltordnung** (*„es ist ein gigantischer Pharmakomplott zur Errichtung der Neuen Weltordnung"*). Hier vermischen sich zwei große Verschwörungserzählungen. Einmal die Erzählung einer korrupten, manipulativen Pharmafirmentäuschung (als Big Pharma regelmäßig von Konspirationisten diffamiert) und darüber hinaus die Angst vor einer sog. Neuen Weltordnung (NWO), die als transnationales menschenfeindliches Unterjochungskonstrukt gedacht wird.

7. **Angela Merkel ist nicht Angela Merkel** (*„polnische Jüdin Mao-Merkel (Aniela Kazmierczak, geborene Kasner)"*. Verschwörungserzählungen, die die wahre Identität einer Person betreffen, gehören zu den beliebten Konspirationsnarrativen. Hier wird Angela Merkel als nichtdeutsche Jüdin einmal rassistisch und zugleich antisemitisch angegriffen und delegitimiert. Verschwörungserzählungen, die sich mit der wahren Herkunft einer Person beschäftigen, hatten eine

Renaissance spätestens im Rahmen der Obama-Birther-Bewegung,[10] bei der Präsident Obama quasi dadurch entthront werden sollte, indem man ihn als nicht in den USA geboren entlarvt (laut Birther war Obama in Kenia geboren; manche machten ihn auch gleich zum Muslim). Ähnliches wird hier mit Angela Merkel versucht, die vom Antisemiten Hildmann als fremdländische Jüdin – und in seinem Weltbild somit als Feind – gelabelt wird. (Die Wahrheit: Angela Merkels Großvater stammte aus Posen, doch schon ihr Vater wurde in Berlin geboren.)

8. **Das Virus gibt es nicht** *("Es gibt keine Pandemie und kein Virus!")*. Eine übliche narrative Umetikettierung der Wirklichkeit – mal gibt es das Coronavirus gar nicht, mal ist es nur eine Grippe, mal ist es so gefährlich, wie öffentlich dargestellt, allerdings mit anderer Genese (aus dem Labor). Zentrale Aussage ist die der Lüge und des Manipuliertwerdens. Gibt es das Virus nicht, ist alles nur Show und der nachdenkliche Verschwörungsideologe schaltet in den Cui-Bono-Modus.

9. **Heimlicher Genozid** *("Es geht um Völkermord!")*. Nicht nur das Individuum ist durch Impfungen gefährdet, sondern die ganze Menschheit soll durch genetische Veränderung unfruchtbar gemacht und somit ausgerottet werden. In dieser Erzählung sieht man gut die überindividuelle Bedrohung und gleichzeitig den individuellen Handlungsbedarf, der daraus entsteht. Es geht um nicht weniger als das Überleben der gesamten Spezies.

Diese kurze narrative Analyse des zugegebenermaßen abenteuerlichen Hildmann-Texts vergegenwärtigt, dass

---

[10] Das Wort „Birther" hat es sogar ins Cambridge Dictionary geschafft: https://dictionary.cambridge.org/de/worterbuch/englisch/birther.

Verschwörungserzählungen in Zeiten von Corona anschlussfähig sind für jene, die sich einen Gewinn versprechen von ihrer weltanschaulichen Einbettung. Behördliche Maßnahmen, Regierungshandeln, die Aussagen von Politikern und Politikerinnen – alles Mögliche kann durch Verschwörungserzählungen neu eingeordnet werden. In der Regel geht es darum, einen Feind zu identifizieren; das macht die Radikalität, um nicht zu sagen, den Extremismus von Verschwörungsideologien aus. Sie passen hervorragend in ein Weltbild, das die Welt klar in Freund und Feind unterteilt und in loyal und Verräter. Imaginiert wird ein Kampf um Kontrolle. Gewinner ist, wer die Pläne seiner Feinde vereitelt und so selbst zum bestimmenden Akteur wird; zu demjenigen, der den Lauf der Dinge kontrolliert.

Beschreiben wir die Wirklichkeit richtig, ist ein Ereignis wie Corona eher mit einem Erdbeben zu vergleichen; es ist eine Naturkatastrophe, ereignet sich passiv; und wir als Menschen können unser Bestes tun, um uns zu schützen. In den Augen von Verschwörungstheoretikern wird dieses passive Ereignis zu einem aktiven Tun gedolmetscht, zu einer von bösen Eliten planmäßig herbeigeführten Handlung, d. h. zu einem Angriff. In einem Angriffsfall ist es moralisch legitim, wenn nicht sogar moralische Pflicht, sich zu verteidigen – so kommt es immer wieder vor, dass Verschwörungstheorien zur Legitimierung von Gewalthandlungen führen. Es gibt strukturelle Ähnlichkeiten zwischen der gruppenbezogenen Menschenfeindlichkeit eines Anders Breivik, dem Terroristen von Oslo und Utøya aus dem Jahr 2011, der angab, durch konspirative Islamisierungsfantasien zu seinem Massenmord motiviert gewesen zu sein, und der gruppenbezogenen Menschenfeindlichkeit eines Attila Hildmann, der nun schon über ein Jahr ein Publikum unbekannter Größe täglich mit hetzerischen Parolen, antisemitischer Volksverhetzung und konspirativen Freund-Feind-Erzählungen aufputscht.

Es gilt genau aus diesem Grund wachsam zu bleiben. Wir müssen ein Auge auf die Verschwörungstheorieszene haben, weil sich aus ihrer Mitte heraus Extremisten mobilisieren, Extremisten, die es mit der Wahrheit nicht sehr genau meinen. Wahrheit ist für sie alles, was in ihr Vorurteilsschema passt. Corona ist wiederum ein willkommener Anlass, um bereits bestehende menschenfeindliche Sichtweisen zu wiederholen und um neue Freund-Feind-Erzählungen zu verbreiten. Dabei müssen wir zur Kenntnis nehmen, dass, paradoxerweise, gerade diejenigen, die meinen, für eine geheime Wahrheit einzustehen und etwas Großem auf der Spur zu sein, tatsächlich diejenigen sind, die die Wahrheit bis zur Unkenntlichkeit verdrehen; die Fantasiegeschichten entwerfen. Ähnlich, wie damals Kellyanne Conway, Sean Spicer und über Jahre hinweg Donald Trump widersprochen wurde, wenn sie „alternative Fakten" als vermeintliche Gegenwahrheiten präsentierten, so müssen wir jenen widersprechen, die behaupten, für die Wahrheit einzustehen, aber die nichts anderes tun als das Gegenteil. Viele von denen, die anderen vorwerfen zu täuschen, zu manipulieren und zu lügen, sind die tatsächlichen Täuscher, die eigentlichen Manipulateure. Wenn es eine Gewissheit gibt, die wir auch in Krisenzeiten nicht vergessen dürfen, ist es diese: Du kannst deine eigene Meinung haben, aber niemals deine eigenen Fakten.

Literatur

Blume, M. (2020). *Verschwörungsmythen: Woher sie kommen, was sie anrichten, wie wir ihnen begegnen können*. Patmos.

Brosel, J., et al. (2020). Kopp Verlag. „Aufklärung" mit Hetze, Angst und Verschwörungsmythen. https://www.deutschlandfunkkultur.de/kopp-verlag-aufklaerung-mit-hetze-angst-und.1270.de.html?dram:article_id=467322.

Butter, M. (2018). *Nichts ist, wie es scheint*. Suhrkamp.
Butter, M. (2020). Verschwörungstheorien. Nennt sie beim Namen. Gastbeitrag auf ZEIT Online. https://www.zeit.de/gesellschaft/2020-12/verschwoerungstheorien-corona-krise-wort-des-jahres-2020. Zugegriffen: 8. März.
Flaig, M. (2020). Deutsche fordern Haltung gegen Verschwörer. https://www.wuv.de/marketing/deutsche_fordern_haltung_gegen_verschwoerer. Zugegriffen: 8. März.
Gensing, P. (2020). Corona als Strafe Gottes (Tagesschau Faktenfinder). https://www.tagesschau.de/faktenfinder/corona-strafe-gottes-101.html. Zugegriffen: 8. März.
Hendricks, V. F., & Vestergaard, M. (2018). *Postfaktisch. Die neue Wirklichkeit in Zeiten von Bullshit, Fake News und Verschwörungstheorien*. Blessing.
Knight, P. (2008). Outrageous conspiracy theories: Popular and official responses to 9/11 in Germany and the United States. *New German Critique, 103*, 165–193.
Lamberty, P., & Imhoff, R. (2021). Verschwörungserzählungen im Kontext der Coronapandemie. *Psychotherapeut*. https://doi.org/10.1007/s00278-021-00498-2. Zugegriffen: 8. März.
Nocun, K., & Lamberty, P. (2020). *Fake Facts. Wie Verschwörungstheorien unser Denken bestimmen*. Quadriga.
Papasavva, A. (2020). Is it a Qoincidence?: An exploratory study of QAnon on Voat. https://arxiv.org/abs/2009.04885. Zugegriffen: 22. Apr.
Skudlarek, J. (2019). *Wahrheit und Verschwörung. Wie wir erkennen, was echt und wirklich ist*. Reclam.
van Prooijen, W., & Acker, M. (2015). The influence of control on belief in conspiracy theories: Conceptual and applied extensions. *Applied Cognitive Psychology, 29*, 753–761.
Wiesendanger, R. (2021). Pressemitteilung der Universität Hamburg. https://www.uni-hamburg.de/newsroom/presse/2021/pm8.html. Zugegriffen: 8. März.

Jan Skudlarek (*1986) wuchs in NRW auf und lebt mittlerweile in Berlin. Im Jahr 2015 promovierte er an der Universität Münster im Fach Philosophie zum Thema „Kollektive

Intentionalität" (Schwerpunkt Handlungstheorie/Sozialontologie). Skudlarek verfasst Sachbücher zu gesellschaftsphilosophischen und politischen Themen, so z. B. „Der Aufstieg des Mittelfingers" (Rowohlt, 2017) zum Thema Beleidigungskultur und „Wahrheit und Verschwörung" (Reclam, 2019), das sich mit der menschlichen Wahrheitssuche beschäftigt. Er gibt – nicht erst seit Corona – Interviews und Workshops im Bereich der Verschwörungstheorieaufklärung. www.janskudlarek.de

Kontroversen zwischen Wissenschaft und Gesellschaft: Argumentationen von Kreationisten, Impfgegnerinnen, Klimawandelskeptikern und Gentechnikgegnerinnen

Anna Beniermann

1 Einleitung

Im März 2019 forderten über 26.000 Wissenschaftler*innen aus Deutschland, Österreich und der Schweiz mit ihrer Unterschrift eine evidenzbasierte Klimapolitik und stellten sich damit hinter die größte globale Jugendbewegung des 21. Jahrhunderts, die *Fridays for Future* (Reinhardt, 2019). Die daraus entstandene Initiative *Scientists for Future* fand weltweit weitere Unterstützung und treibt evidenzbasierte Wissenschaftskommunikation zu Nachhaltigkeit und Zukunftssicherung voran. Gleichzeitig werden die Einflüsse

A. Beniermann (✉)
Institut für Biologie; Fachdidaktik und Lehr-/Lernforschung Biologie, Humboldt-Universität zu Berlin, Berlin, Deutschland
E-Mail: anna.beniermann@hu-berlin.de

des Menschen auf die Erwärmung des Klimas von Teilen der Bevölkerung angezweifelt und es ist die Rede von einer ungerechtfertigten „Klimahysterie" (Brunnengräber, 2018).

Zweifel an wissenschaftlichen Erkenntnissen und Errungenschaften, häufig befeuert durch sog. *Fake News,* bedrohen nicht nur den Wissenschaftsbetrieb, sondern auch demokratische Diskurse und damit letztlich auch den gesellschaftlichen Zusammenhalt, indem sie Kontroversen zwischen Gesellschaft und Wissenschaft verstärken (BMBF, 2019). Dies lässt sich auch in der öffentlichen Debatte zur Coronapandemie beobachten, wenn demokratische Werte infrage gestellt werden und der soziale Zusammenhalt geschwächt wird, der wichtig für den erfolgreichen gesellschaftlichen Umgang mit der Pandemie ist (Dayrit & Mendoza, 2020).

Zentrale Bedingung für den sozialen Zusammenhalt einer Gesellschaft ist Vertrauen (Fonseca et al., 2019), insbesondere in Wissenschaft und Wissenschaftler*innen. Ein angemessenes Verständnis von Wissenschaft ist dabei zwar eine notwendige Basis für aktive Beteiligung an demokratischen Diskursen und Entscheidungen zu wissenschaftlichen Themen (Bromme & Goldmann, 2014), ist jedoch nicht hinreichend für Vertrauen in Wissenschaft und ihre Akteur*innen (Hendriks et al., 2016).

In der aktuellsten Wissenschaftsbarometer-Befragung von November 2020 geben 60 % der Befragten an, Vertrauen in Wissenschaft und Forschung zu haben (WiD, 2020a). Dieser Wert lag im Frühjahr 2020 zu Beginn der Coronapandemie in Deutschland noch höher, bei 66-73 % (WiD, 2020b, c). Dennoch scheint das Vertrauen in Wissenschaft seit den letzten Jahren gestiegen zu sein, denn die Wissenschaftsbarometer-Befragungen aus 2018 und 2019 verweisen auf einen Anteil von 54 % (WiD, 2018) und 43 % (WiD, 2019).

Wissenschaftsverständnis als Metawissen über die Naturwissenschaften ist Teil der naturwissenschaftlichen Grundbildung (Rönnebeck et al., 2010). Mit der Implementierung des Kompetenzbereichs Erkenntnisgewinnung wurde ein Aspekt des Wissenschaftsverständnisses explizit in den Bildungsstandards verankert (KMK, 2020). Wissenschaftsverständnis wird demnach als Teil der Allgemeinbildung betrachtet, die in der Schule vermittelt werden soll. Es gilt gleichzeitig als eine grundlegende Voraussetzung, um aktiv an gesellschaftlichen Diskursen, die häufig von technischen und wissenschaftlichen Themen tangiert werden, teilzunehmen (Bromme & Goldmann, 2014). Wissenschaftliche Erkenntnisse sind immer häufiger die Grundlage für individuelles und gesellschaftliches Handeln und die Voraussetzung für informierte Entscheidungen.

Damit Individuen informierte Entscheidungen gerade in Situationen großer Unsicherheit treffen können, sind qualitativ hochwertige Informationen für die Öffentlichkeit notwendig. Das stellt die Akteur*innen der Wissenschaftskommunikation vor große Herausforderungen, beispielsweise im Bereich der Klimawissenschaften. Wissenschaftskommunikation im Bereich der Klimatologie beinhaltet Wahrscheinlichkeitsprognosen und große geologische Zeitspannen (Lombardi & Sinatra, 2012), was ganz besondere Anforderungen an die Kommunikation von wissenschaftlichen Erkenntnissen stellt.

Ein weiteres Beispiel für ein kontroverses wissenschaftliches Thema mit großer gesellschaftlicher Tragweite ist die Überzeugung, dass Impfungen nicht wirksam oder gar schädlich sind (Duchsherer et al., 2020). Diese Ansicht wurde 2018 immerhin von 13 % der deutschen Bevölkerung geteilt (WiD, 2018). Im Kontext der Coronapandemie wird gerade das Thema Impfen zu einer tagesaktuellen Debatte, deren Ausprägungen direkte

Einflüsse auf individuelle Impfbereitschaft haben kann und damit darüber mitentscheidet, wie diese globale Katastrophenlage gesellschaftlich gemeistert werden kann. Im November 2020 gaben 55 % der Befragten an, sich im Fall der Verfügbarkeit eines zugelassenen Impfstoffs gegen das Coronavirus eher oder sehr wahrscheinlich impfen lassen würden; 29 % hielten eine eigene Bereitschaft zum Impfen für eher oder sehr unwahrscheinlich (WiD, 2020a).

Im Forschungsfeld der Naturwissenschaftsdidaktiken werden derartige wissenschaftliche Themen, die gesellschaftlich kontrovers diskutiert werden und eine ethische Dimension haben, als *Socio-Scientific Issues* (SSI; Sadler et al., 2004) bezeichnet.

2 Socio-Scientifc Issues

In der Regel gibt es bei SSI keine eindeutigen Lösungswege, wenn sich innerhalb des Themenbereichs individuelle oder gesellschaftliche Entscheidungssituationen auftun, da verschiedene Perspektiven auf das Thema eingenommen werden können (Rafolt et al., 2019). Im Prozess der Entscheidungsfindung ist es dabei häufig notwendig, ethische Aspekte abzuwägen und gleichzeitig evidenzbasiert zu schlussfolgern (Zeidler & Nichols, 2009), da SSI die ethischen Dimensionen des Verhältnisses von Wissenschaft, Technik und Gesellschaft beleuchten und nicht selten moralische Dilemmata hervorrufen. Fragen im Bereich von SSI können also nicht allein durch naturwissenschaftliche Evidenz beantwortet werden (Borgerding & Dagistan, 2018).

Bei der Betrachtung wissenschaftlicher Kontroversen kann zwischen aktiver Wissenschaft *(Active Science)*, gesellschaftlich umstrittener Wissenschaft *(Societally-Denied*

Science) und SSI unterschieden werden (Borgerding & Dagistan, 2018). In der aktiven Wissenschaft können Kontroversen verortet werden, die aktuell innerhalb der wissenschaftlichen Community debattiert werden. Unter die gesellschaftlich umstrittene Wissenschaft fallen hingegen solche Themen, zu denen in der wissenschaftlichen Community weitgehend ein Konsens besteht, während gleichzeitig Teile der Gesellschaft eine ablehnende Position gegenüber diesem wissenschaftlichen Konsens haben. Es ist ein Kontinuum zwischen umstrittener und akzeptierter Wissenschaft erkennbar (Borgerding & Dagistan, 2018). Dabei können gesellschaftlich umstrittene (z. B. anthropogene Ursachen für den Klimawandel) wie auch akzeptierte Wissenschaft (z. B. Wissen über Gentechnik) in SSI münden, wenn sich Fragen aus diesen Wissenschaftsbereichen ergeben, die gesellschaftliche Kontexte berühren, also moralische, soziale, politische oder ökonomische Dimensionen beinhalten (Beniermann et al., 2021a). Dabei unterscheidet sich die Kontroversität einzelner SSI soziokulturell zwischen verschiedenen Ländern, Regionen und kulturellen Gruppen (Zeidler et al., 2019). So ist Evolution in manchen Ländern wesentlich kontroverser als in anderen (Kuschmierz et al., 2020). Ähnliche Unterschiede lassen sich auch bei Themen wie Impfen, Atomkraft, Klonen oder Klimawandel betrachten (Zeidler et al., 2019).

Es gibt Hinweise darauf, dass sich das Ausmaß der Akzeptanz zwischen dem reinen Wissen in einem Fachbereich und der praktischen Anwendung dieses Wissens unterscheidet. Beispielsweise besteht offenbar kein Zweifel daran, dass gentechnische Methoden die Manipulation von Erbgut ermöglichen oder dass Klonen möglich ist. Die Kontroversität und damit auch die Ablehnung in Teilen der Gesellschaft ergibt sich erst durch die praktische Anwendung dieser Methoden oder entsprechender Gegenmaßnahmen und unterscheidet sich je nach Einsatzgebiet. So werden beispielsweise Impfungen (Betsch et al., 2019) oder gentechnische Anwendungen (Hampel & Zwick, 2016) als technische bzw. medizinische Anwendung abgelehnt.

Gleichzeitig gibt es kontroverse Themen, bei denen schon die theoretische wissenschaftliche Grundlage in der Gesellschaft kontrovers betrachtet wird. Beispiele sind hier Evolution (Beniermann, 2019), Urknall (Borgerding & Dagistan, 2018), anthropogene Einflüsse auf das Klima (Kahan, 2015) oder auch die umweltschädliche Wirkung von Fracking (Borgerding & Dagistan, 2018). Werden diese verschiedenen Themen im Kontext von SSI betrachtet, stehen die Fragen im Raum, ob die Anwendung dieser Technik sicher und gerecht sind, wie wir handeln sollten und wie die Gesellschaft mit diesem Wissen, dieser Technik oder dieser Anwendung umgehen sollte (Borgerding & Dagistan, 2018).

Im fachdidaktischen Kontext haben SSI an Bedeutung gewonnen, schließlich geben sie den naturwissenschaftlichen Inhalten relevante Kontexte. Daher werden Ansätze wie SSI genutzt, um die Verantwortung fachlicher Bildung für die Gesellschaft (Parchmann & Kuhn, 2018) und Schnittstellen zwischen Wissenschaft und Gesellschaft zu verdeutlichen. Zudem ist mittlerweile aus vielen fachdidaktischen Studien bekannt, dass die Thematisierung von SSI im Unterricht viele Vorteile hat. So gibt es Hinweise, dass die Auseinandersetzung mit SSI zu kritischem Denken anregt (Klosterman & Sadler, 2010) und das Wissenschaftsverständnis (Zeidler, 2014) sowie die Fähigkeit fördert, die Perspektive zu wechseln (Zeidler et al., 2019). Diese Fähigkeiten sind nicht beschränkt auf formale Bildung, sondern lassen sich auf eine soziale und politische Dimension ausweiten (Scheufele, 2014). Damit sind sie auch von großer Bedeutung für die Wissenschaftskommunikation (Beniermann et al., 2021a).

Themen und Problemstellungen wie beispielsweise gentechnische Anwendungen, Stammzellenforschung, Impfungen, medizintechnische Methoden, Aspekte der Bildung für nachhaltige Entwicklung oder anthropogene Einflüsse auf das Klima fallen in den Bereich der SSI. All diese Themengebiete eint, dass eine Verständigung darüber naturwissenschaftliches Verständnis erfordert und gleichzeitig eine komplexe gesellschaftliche Dimension berührt wird. SSI ergeben sich oft aus der komplexen Wechselbeziehung zwischen Naturwissenschaft und Gesellschaft und sie beinhalten in der Regel einen hohen Grad an Unsicherheit (Evagorou & Dillon, 2020).

Während die Thematisierung von SSI im naturwissenschaftlichen Unterricht also viele Vorteile aufweist, stellt die Behandlung von SSI Lehrende vor große Herausforderungen, da eine fundierte Auseinandersetzung mit SSI nicht nur kontextuelles Fachwissen, die Fähigkeit zu kritischem Denken und Wissenschaftsverständnis voraussetzt, sondern auch die Fähigkeit zum ethischen Bewerten sowie die Reflexion der eigenen Werte (Zeidler, 2014). An dieser Stelle bewegt sich der Fachunterricht über die fachlichen Grenzen hinaus und ethische Dimensionen werden bedeutsam (Dittmer et al., 2016). Dazu ist eine Auseinandersetzung mit persönlichen Einstellungen und Werten notwendig, was zunehmend auch in den Fokus formaler naturwissenschaftlicher Bildung rückt (Upmeier zu Belzen & Beniermann, 2020). Auch für partizipative Formate der Wissenschaftskommunikation ist die Einbeziehung von Werten elementar, um individuelle und gesellschaftliche Entscheidungsprozesse abzubilden und Vertrauen in Wissenschaft zu erhöhen (Dietz, 2013).

3 Einflussfaktoren für die Ablehnung eines wissenschaftlichen Konsenses

In einer Ablehnung von wissenschaftlichem Konsens wird oft mangelndes Wissen vermutet. Jedoch zeigen diverse Studien, dass diese Sichtweise sehr verkürzt ist und die Einstellung zu kontroversen wissenschaftlichen Themen häufig nur geringfügig mit Wissen zu diesen Themen zusammenhängt (z. B. Beniermann, 2019; Kahan, 2017). Somit ist, anders als im *„deficit model"* (Sturgis & Allum, 2004) der frühen Wissenschaftskommunikation vermutet, die Bereitstellung von sachlichen Informationen zur Erhöhung von Akzeptanz allein keine effektive Kommunikationsmethode.

Während das Wissen also häufig kein geeigneter Indikator für die Akzeptanz spezieller wissenschaftlicher Themen ist, wurden andere personenbezogene Faktoren beschrieben, die nachweislich mit derartigen Einstellungen zu verschiedenen SSI zusammenhängen. Bei Impfungen sind das z. B. die Risikowahrnehmung, wahrgenommene strukturelle Hürden, Vertrauen in Sicherheit und Effektivität von Impfungen, Berechnung auf Basis von Recherche, Verantwortungsgefühl gegenüber der Gemeinschaft (Betsch et al., 2019). Faktoren für die Akzeptanz von Evolution sind vor allem Vertrauen in Wissenschaft und Verständnis von Wissenschaft (Graf & Soran, 2010) oder religiöser Glaube (Beniermann, 2019). Religiöser Glaube oder eine Zugehörigkeit zu einer Konfession spielen auch bei SSI wie Stammzellenforschung und Urknall eine Rolle (Drummond & Fischhoff, 2017).

Die politische Identität (Dunlap & McCright, 2008) und eine individualistische Weltsicht (Kahan et al., 2011) sind hingegen Einflussfaktoren für die Akzeptanz menschlicher Einflüsse auf den Klimawandel. Die gentechnische Veränderung von Nahrungsmitteln (GMF) wird insbesondere von Personen kritisch gesehen, die Natürlichkeit als Wert an sich ansehen (Scott et al., 2018) oder ihr Urteil auf Basis von Intuitionen fällen (Blancke et al., 2015). Da die meisten Einflussfaktoren affektiv (z. B. Emotionen, Ideologien, Weltanschauungen) sind, kann das reine Vermitteln von Fakten nur bedingten Einfluss auf Einstellungsänderungen haben.

Diese Einflussfaktoren werden auch als Wurzeln von Einstellungen *("roots of attitudes")* bezeichnet (Hornsey & Fielding, 2017), die eine starke Rolle bei der Ablehnung wissenschaftlicher Erkenntnisse oder Technologien spielen. Hierbei handelt es sich zumeist um identitätsstiftende Merkmale (z. B. Zugehörigkeit zu einer politischen oder religiösen Gruppe), sodass die Akzeptanz wissenschaftlicher Erkenntnisse bei kontroversen wissenschaftlichen Themen eher als ein Indikator für eine soziokulturelle Gruppenzugehörigkeit als für wissenschaftliches Verständnis dienen kann (Kahan, 2015). Derartige affektive Faktoren sind es auch, die neben fachlicher Kompetenz und externen Hindernissen ein mit dem wissenschaftlichen Konsens vereinbartes Verhalten behindern oder begünstigen, z. B. ein umweltbewusstes Verhalten (Kollmuss & Agyenan, 2002) oder hohe Impfbereitschaft (Betsch et al., 2019). Jedoch resultiert z. B. Wissen über die Klimaschädlichkeit von Fleischverzehr nicht unmittelbar in einem Verzicht, auch dann nicht, wenn Menschen eine Welt ohne den Konsum tierischer Produkte als ideal ansehen. Ein Grund sind wahrgenommene Hindernisse, die ein Individuum an der Umsetzung der eigenen Idealvorstellungen hindern (Oettingen et al., 2010). Fachwissen und positive Einstellungen führen demnach nicht unbedingt zur entsprechenden Handlung *("attitude-behaviour gap";* Vermeir & Verbeke, 2006).

In den genannten Studien zu Einflussfaktoren wurden Personen i. d. R. nicht offen nach den konkreten Gründen für ihre ablehnenden Haltungen befragt. Vielmehr wurde dieser Zusammenhang über Befragungen statistisch ermittelt. Daher ist nur wenig darüber bekannt, welche konkreten Gründe Personen für ihre Positionen selbst benennen. Einige Ergebnisse aus Studien, in denen Argumentationen untersucht wurden, werden im folgenden Abschnitt dargestellt.

4 Argumentationen zu kontroversen Themen

Wissenschaftliches Schlussfolgern ist eine Kernkompetenz der naturwissenschaftlichen Grundbildung und eine notwendige Fähigkeit, um wissenschaftliche Untersuchungen auszuführen bzw. um die darin enthaltenen Informationen zu erfassen. Zur Beurteilung der Qualität von Argumentationen in naturwissenschaftlichen Lehr-Lern-Kontexten werden Struktur, Inhalt und Begründungen herangezogen (Sampson & Clark, 2008). Diese Ansätze informellen Argumentierens entsprechen Argumentationen in gesellschaftlichen Diskursen eher als formallogische Argumentationen (Kolstø, 2006) und werden von Einstellungen beeinflusst (Means & Voss, 1996). In offenen Formaten können Gründe für die Akzeptanz oder Ablehnung einer wissenschaftlichen Position zu verschiedenen SSI sowie mögliche Gründe für Einstellungsänderungen erhoben werden.

Lobato und Zimmerman (2019) identifizierten Argumentationen zu Evolution, Klimawandel, GMF und Impfungen bei Studierenden und Mitarbeiter*innen einer US-amerikanischen Universität. Auf einer fünfstufigen

Rating-Skala gaben Proband*innen ihre Zustimmung oder Ablehnung zu diesen Themen an. Anschließend wurden in offenen Fragen Begründungen zur eigenen Position und potenzielle Gründe für Einstellungsänderungen erfragt.

Sie identifizierten *„non-justification"* mit 34,0 % als häufigstes Element in den von ihnen analysierten Argumentationen. Dabei wiederholen Proband*innen nur ihre Meinung oder führen diese weiter aus. Davon abgesehen war über alle vier Themen die häufigste Begründung mit 32,6 % ein Verweis auf Daten oder Evidenz (Lobato & Zimmerman, 2019). Die zweithäufigste Art der Begründungen waren mit 20,0 % subjektive Begründungen, wobei sich für die verschiedenen Themen unterschiedliche Muster der subjektiven Begründungen ergaben. Zum Thema Evolution verwiesen die Proband*innen häufig auf ihre kulturelle, insbesondere religiöse, Identität. In Bezug auf den Klimawandel und GMF fielen besonders naturalistische Fehlschlüsse auf, z. B. der Verweis darauf, dass sich das Klima schon immer gewandelt hat oder dass GMF nicht natürlich und deshalb schädlich sind.

Dabei waren fast alle Proband*innen inkonsistent in ihren Begründungen und verwendeten bei verschiedenen Themen unterschiedliche Arten von Argumenten (Lobato & Zimmerman, 2019). Im Vergleich zwischen den SSI fiel auf, dass bei der Angabe einer Begründung für das Ändern einer Meinung insbesondere beim Thema Evolution viele Proband*innen angaben, dass nichts ihre Meinung zu diesem Thema ändern könnte.

In Regressionsanalysen untersuchten Lobato und Zimmerman (2019), welche Variablen Einfluss auf die verschiedenen Arten von Argumenten haben. Lediglich für die Begründung über Evidenzen konnten hierbei plausible Indikatoren gefunden werden: Je höher die Zustimmung zu Evolution, Klimawandel und Impfungen war, desto wahrscheinlicher wurden evidenzbasierte Begründungen gewählt (Lobato & Zimmerman, 2019).

Bei einer Befragung der allgemeinen Bevölkerung in Deutschland über Social Media ($N=398$) untersuchten Beniermann et al. (2021a) Argumentationsstrukturen zu verschiedenen SSI. Zu den Themen Evolution, Klimawandel, GMF, Impfungen und der Coronapandemie wurde jeweils ein Statement präsentiert, dass den wissenschaftlichen Konsens aus diesen Bereichen widerspiegelt (Methodik basierend auf Lobato & Zimmerman, 2019, s. oben). Die Antworten auf die offenen Fragen wurden qualitativ-inhaltsanalytisch ausgewertet und kategorisiert. Die Antworten wurden dazu in semantische Einheiten geteilt und gemäß der genutzten Argumentationsstrukturen codiert, die aus der Theorie der informellen Logik stammen (Blair, 2015). In der anschließenden quantitativen Auswertung wurden Ratings des wissenschaftlichen Konsenses mit den kategorisierten Argumentationen aus den offenen Fragen verbunden.

Die höchste Zustimmung zeigten die Befragten in Bezug auf das Statement zu Evolution, hier stimmten 95,3 % total oder eher zu. Nur 3,4 % stimmten eher nicht oder gar nicht zu. Auch zum menschlichen Einfluss auf den Klimawandel war die Zustimmung mit 87,6 % hoch. Nur 5,3 % zweifelten den Einfluss des Menschen auf den Klimawandel an. Die beiden Gesundheitsthemen Impfungen und SARS-CoV-2 ähnelten sich in ihren Zustimmungs- und Ablehnungswerten. Während 86,0 % dem Statement zur Effektivität und Sicherheit von Impfungen zustimmten, waren es bei der gesundheitlichen Bedrohung durch die Coronapandemie 82,6 %; 9,4 % der Befragten lehnten die wissenschaftliche Position zum Impfen ab. Bei der Coronapandemie lag diese Ablehnung bei 10,7 %.

Die geringste Zustimmung erfuhr das Statement zur Unbedenklichkeit von GMF für den Verzehr, mit lediglich 57,5 % Zustimmung. Der Unbedenklichkeit von GMF stimmten 21,3 % nicht zu. Im Eurobarometer 2010 lag dieser Wert noch wesentlich tiefer. Hier hatten nur 22 % der repräsentativ befragten Deutschen gentechnisch modifizierte Lebensmittel befürwortet (Gaskell et al., 2010).

Die Unsicherheit der Proband*innen unterschied sich zwischen den Themen stark: 21,3 % gaben an, in Bezug auf das Statement zu GMF unsicher zu sein. Bei den anderen Themen war die Unsicherheit wesentlich geringer und lag zwischen 1,3 % (Evolution) und 7,1 % (Klimawandel).

Die häufigste Art von Argumenten in der gesamten Studie stellten Verweise auf Autoritäten dar. Am zahlreichsten enthalten waren diese in Argumentationen zum Klimawandel (55,2 %) zu finden, jedoch nur halb so oft bei den Themen GMF (25,3 %) und Coronapandemie (26,1 %).

Theoretische Begründungen waren bei den Themen Impfungen (12,3 %) und Evolution (17,1 %) häufiger als bei den anderen Themen zu verzeichnen. Beim Thema Impfungen handelte es sich dabei insbesondere um ein Abwägen der Risiken gegenüber dem gesundheitlichen Nutzen von Impfungen.

Argumente, die konkrete Bezüge zu empirischen Datenquellen beinhalten, waren beim Thema Coronapandemie deutlich häufiger (55,0 %) als bei den anderen Themen. Demgegenüber waren normative Begründungen insgesamt eher selten. Am häufigsten kamen diese bei der Argumentation zu GMF vor (7,3 %). Hier wurden insbesondere naturalistische Fehlschlüsse identifiziert. Währen der Verweis auf fehlendes Wissen (individuell oder global) im Durchschnitt nicht unter die häufigsten identifizierten Kategorien fiel, fand diese Begründung gerade im Bereich GMF überproportional Anwendung (38,0 %).

Auffällig war, dass die Nutzung normativer Begründungen signifikant negativ mit der Akzeptanz des wissenschaftlichen Konsenses zu Evolution ($r=-0{,}141$; $p<0{,}01$), Klimawandel ($r=-0{,}175$; $p<0{,}01$), Impfungen ($r=-0{,}186$; $p<0{,}01$) und der Coronapandemie ($r=-0{,}153$; $p<0{,}01$) korrelierte. Das bedeutet mit Ausnahme von Argumenten zu GMF wurden normative Aussagen eher genutzt, um gegen den wissenschaftlichen Konsens zu argumentieren (Beniermann et al., 2021a).

Die Ergebnisse verdeutlichen die Unterschiede zwischen den Argumentationen zu verschiedenen SSI. Damit stimmen die Studien darin überein, dass Argumentationen zu SSI kontextabhängig sind (Lobato & Zimmerman, 2019; Beniermann et al., 2021a). Dennoch fanden sich auch Ähnlichkeiten hinsichtlich einzelner Typen von Argumenten, die häufig bei allen SSI auftraten, z. B. der Verweis auf eine Autorität oder die Angabe, dass entsprechendes Wissen fehle (Beniermann et al., 2021a). Die relativen Level der Akzeptanz, bei denen Evolution das am stärksten und GMF dass am wenigsten akzeptierte Thema sind, stimmen in verschiedenen Studien überein (Lobato & Zimmerman, 2019; Beniermann et al., 2021a).

5 Fazit und Ausblick

Vollmer (1994) beschreibt, dass sich der Platz des Menschen in der Welt im Lauf der Geschichte während der Weiterentwicklung wissenschaftlicher Weltbilder und der Zunahme einer naturalistischen Perspektive auf die Welt immer mehr vom Zentrum an den Rand verlagert hat. Diese Weiterentwicklung führt daher seit jeher zu einer Entanthropomorphisierung des menschlichen Weltbilds (Vollmer, 1994). Konflikte, die sich aus der Annahme eines Naturalismus einerseits und weit verbreiteten menschlichen Vorstellungen und Einstellungen andererseits ergeben, können als naturalistische Zumutungen bezeichnet werden (Rusch, 2014), die fest verankerte Überzeugungen von Individuen angreifen. Folgt auf die Wahrnehmung einer solchen Zumutung starke Ablehnung einer naturalistischen Position, kann diese als „*antinaturalistischer Reflex*" (Rusch, 2014, S. 104) bezeichnet werden.

Die beschriebenen Gemeinsamkeiten und Unterschiede zwischen den Positionen und Argumentationen zu den verschiedenen SSI lassen auch derartige theoretische Erklärungsansätze zu: So ist durchaus zu vermuten, dass eine rein naturalistische Sicht auf diese Themen für einige Personen eine Zumutung darstellt oder zumindest Verunsicherung auslöst.

Aus der Forschung zur Akzeptanz von Evolution ist bekannt, dass der Zusammenhang zwischen Wissen zu Evolution und Akzeptanz von Evolution mit zunehmendem Grad an biologischer Vorbildung steigt (Beniermann, 2019; Kuschmierz et al., 2020). Dadurch wird auch klar, dass Einstellungen und Wissen zu Evolution zwei unabhängige Konstrukte sind und die häufig auftretende Vermischung von Wissen und Einstellungen in der Debatte um z. B. Evolution und Kreationismus kritisch zu betrachten ist (Beniermann 2019). Gleiches gilt vermutlich auch für andere SSI, wenn die häufigsten Indikatoren für eine Ablehnung des wissenschaftlichen Konsenses zu Impfungen, GMF oder Klimawandel in Betracht gezogen werden: Affektive Faktoren wie der Wert einer Natürlichkeit, Emotionen wie Ängste, Risikowahrnehmung oder die politische Einstellung.

Damit stützen die Ergebnisse vieler der dargestellten Studien zur Akzeptanz verschiedener SSI die *Expressive Rationality Theory* (Kahan & Stanovich, 2016), die besagt, dass der Grund für die Ablehnung eines wissenschaftlichen Konsenses nicht von einer bestimmten Art zu denken abhängt, sondern eher davon, dass dadurch identitätsstiftende Komponenten bedient werden. So stellen beispielsweise religiöse Positionen den wesentlichen Prädiktor für Änderungen in der Einstellung zur Evolution dar (Hill, 2014). Hierbei spielt soziale Eingebundenheit in entsprechende Netzwerke eine zentrale moderierende Rolle (Hill, 2014). Diese Erkenntnis lässt sich auch auf andere SSI übertragen. So zeigte Kahan (2017), dass Bevölkerungsbefragungen zum Klimawandel eher die Zugehörigkeit zu einer soziokulturellen Gruppe messen als naturwissenschaftliches Wissen. Eine derartige intersubjektive Verständigung über die Realität in eng verbundenen sozialen Gruppen wird als *Shared Reality Theory* bezeichnet (Hardin & Higgins, 1996). Das Zurückgreifen auf eine gemeinsame Realität erhöht zum einen die Bindung an die soziale Gruppe und verringert zum anderen die Unsicherheit über die Umwelt (Hill, 2014).

Für den Zusammenhalt dieser Gruppen spielt zunehmend auch das Internet als Ort größtmöglicher Vernetzung eine große Rolle, sodass Recherchen z. B. zu Impfungen in vielen Fällen auf Anti-Impf-Webseiten verleiten (Hussain et al., 2018). Büssing et al. (im Druck) zeigten auf Basis der Analyse von *Social-Media-*Kommentaren zu einem YouTube-Video zum Klimawandel, dass nur ein relativ kleiner Teil der Kommentare überhaupt fachliche Bezüge aufwies. Auf Basis einer Diskurskarte (Bergmann et al., 2021) wurde gezeigt, wie kontrovers das Thema unter den Nutzenden von sozialen Medien diskutiert wird und wie komplex die unterschiedlichen Diskussionsstränge vernetzt sind (Büssing et al., im Druck).

Die Argumentationsmuster zu den unterschiedlichen SSI verdeutlichen zudem die Notwendigkeit für verschiedene Ansätze zur Vermittlung dieser Themen in formaler Bildung sowie im Kontext von Wissenschaftskommunikation. Damit Individuen informierte Entscheidungen zu wissenschaftlichen Themen treffen können, sind qualitativ hochwertige Informationen für die Öffentlichkeit notwendig. Hierbei spielen auch Social-Media-Kanäle eine große Rolle, da sich viele Menschen über diese Kanäle tagesaktuell informieren, z. B. zur Coronapandemie (Chesser et al., 2020). Die Transformation auch etablierter Medien hin zu einer offeneren, interaktiveren Kommunikation, wird insbesondere durch die Coronapandemie deutlich (Pérez-Escoda et al., 2020), die zudem die sozialen Medien als alternative, zum Teil parallele Informationsquelle hervorhebt (Pérez-Escoda et al. 2020).

Das ist bedenklich, da gerade junge Menschen insbesondere soziale Medien und Videoportale als Informationsquellen nutzen, auch zu wissenschaftlichen Themen. So informieren sich 14- bis 19-Jährige über Forschung und Wissenschaft mehrheitlich (58 %) über Youtube und ähnliche Videoplattformen (WiD, 2020). Das stellt eine große Herausforderung für Lehrkräfte (Bergmann et al., 2021) und auch Wissenschaftskommunikator*innen (Beniermann et al., 2021b) dar. Daher bedarf es innovativer Konzepte für Wissenschaftskommunikation in sozialen Medien. Zudem gilt es, die Einbeziehung Sozialer Medien auch in den naturwissenschaftlichen Unterricht (Büssing et al., 2021) und die Lehrkräfteausbildung zu integrieren, um die Kompetenzentwicklung von angehenden Lehrkräften im Umgang mit kontroversen Themen im naturwissenschaftlichen Unterricht zu unterstützen (s. dazu z. B. Beniermann et al., 2021c; Bergmann et al., 2021). Schmid und Betsch

(2019) beschreiben in diesem Zusammenhang auf Basis mehrerer empirischer Studien effektive Strategien, wie in öffentlichen Debatten effektiv mit der aktiven Leugnung wissenschaftlicher Erkenntnisse umgegangen werden kann.

Generell sollte auf Basis der hier dargestellten Ergebnisse jedoch betont werden, dass nicht alle Personen, die eine ablehnende Haltung vertreten, diese auch laut und öffentlich kommunizieren. Die Argumente für die verschiedenen Positionen zum wissenschaftlichen Konsens zu den verschiedenen SSI zeigen eine große Vielfalt an Begründungen. Gerade das häufig hohe Maß an Unsicherheit zeigt auch, dass empathische und respektvolle Wissenschaftskommunikation und schulische Bildungsarbeit hier vermutlich Brücken bauen kann, wenn sie bekannte affektive Faktoren mitdenkt und darauf eingeht, verschiedene Perspektiven einnimmt und keine pauschalen Urteile über Menschengruppen fällt.

Literatur

Beniermann, A. (2019). *Evolution – Von Akzeptanz und Zweifeln: Empirische Studien über Einstellungen zu Evolution und Bewusstsein.* Springer.

Beniermann, A., Mecklenburg, L., & Upmeier zu Belzen, A. (2021a). Reasoning on Controversial Science Issues in Science Education and Science Communication. *Education Sciences, 11*(9).

Beniermann, A., Bergmann, A., & Büssing, A. G. (2021b). *Informal learning in social media? Comparing a popular COVID-19 podcast with its YouTube comments.* 94rd Annual International NARST Conference, online.

Beniermann, A., Bergmann, A., & Büssing, A. G. (2021c). Ein Like für die Fachdidaktik? Potentiale und Grenzen sozialer Medien für Professionalisierungsprozesse angehender Lehrkräfte am Beispiel Twitter. In D. Graf, N. Graulich,

K. Lengnink, H. Martinez, & C. Schreiber (Hrsg.), *Digitale Bildung für Lehramtsstudierende*. Springer VS.

Bergmann, A., Beniermann, A., & Büssing, A. G. (2021). Social-Media-Diskurskarten zur Förderung der Argumentations- und Diskursfähigkeit in naturwissenschaftlichen Kontexten nutzen. In M. Kubsch, S. Sorge, J. Arnold, & N. Graulich, (Hrsg.), *Lehrkräftebildung neu gedacht – Ein Praxishandbuch für die Lehre in den Naturwissenschaften und deren Didaktiken*. Waxmann.

Büssing, A. G., Bergmann, A., & Beniermann, A. (2021). Social Media im Biologieunterricht: Lernpotenziale sozialer Medien erkennen und nutzen. *Unterricht Biologie, 465*, 44–47.

Büssing, A., Pril, S., Bergmann, A., Beniermann, A., & Kremer, K. (im Druck). Inhaltlicher Diskurs oder Shitstorm? Analyse fachlicher Bezüge in Kommentaren eines YouTube-Videos zum Klimawandel. In A. Bush, A. & J. Birke. *Nachhaltigkeit & Social Media – Chancen und Herausforderungen*. Springer VS.

Betsch, C., Schmid, P., Korn, L., Steinmeyer, L., Heinemeier, D., Eitze, S., & Böhm, R. (2019). Impfverhalten psychologisch erklären, messen und verändern. *Bundesgesundheitsblatt – Gesundheitsforschung – Gesundheitsschutz, 62*(4), 400–409.

Blair, J. A. (2015). What is informal logic?. In F. H. Van Eemeren, F. H., & B. Garssen (Hrsg.), *Reflections on theoretical issues in argumentation theory* (S. 27–42). Springer.

Blancke, S., Van Breusegem, F., De Jaeger, G., Braeckman, J., & Van Montagu, M. (2015). Fatal attraction: The intuitive appeal of GMO opposition. *Trends in plant science, 20*(7), 414–418.

Borgerding, L. A., & Dagistan, M. (2018). Preservice science teachers' concerns and approaches for teaching socioscientific and controversial issues. *Journal of Science Teacher Education, 29*(4), 283–306.

Bromme, R., & Goldman, S. R. (2014). The public's bounded understanding of science. *Educational Psychologist, 49*(2), 59–69.

Brunnengräber, A. (2018). Klimaskeptiker im Aufwind. In O. Kühne & F. Weber (Hrsg.), *Bausteine der Energiewende – Einführung, Übersicht und Ausblick* (S. 271–292). Springer.

Bundesministerium für Bildung und Forschung. (2019). Grundsatzpapier des Bundesministeriums für Bildung und Forschung zur Wissenschaftskommunikation. https://www.bmbf.de/upload_filestore/pub/Grundsatzpapier_zur_Wissenschaftskommunikation.pdf. Zugegriffen: 30. Okt. 2020.

Chesser, A., Drassen Ham, A., & Keene Woods, N. (2020). Assessment of COVID-19 knowledge among university students: Implications for future risk communication strategies. *Health Education & Behavior, 47*(4), 540–543.

Dayrit, M., & Mendoza, R. U. (2020). Social cohesion vs COVID-19. *SSRN Electronic Journal*.

Dietz, T. (2013). Bringing values and deliberation to science communication. *Proceedings of the National Academy of Sciences, 110*(Supplement 3), 14081–14087.

Dittmer, A., Gebhard, U., Höttecke, D., & Menthe, J. (2016). Ethisches Bewerten im Naturwissenschaftlichen Unterricht: Theoretische Bezugspunkte. *Zeitschrift für Didaktik der Naturwissenschaften, 22*(1), 97–108.

Drummond, C., & Fischhoff, B. (2017). Individuals with greater science literacy and education have more polarized beliefs on controversial science topics. *Proceedings of the National Academy of Sciences, 114*(36), 9587–9592.

Duchsherer, A., Jason, M., Platt, C. A., & Majdik, Z. P. (2020). Immunized against science: Narrative community building among vaccine refusing/hesitant parents. *Public Understanding of Science, 29*(4), 419–435.

Dunlap, R. E. & McCright, A. M. (2008). A widening gap: Republican and democratic views on climate change. *Environment: Science and Policy for Sustainable Development, 50*(5), 26–35.

Evagorou M., & Dillon J. (2020). Introduction: Socio-scientific issues as promoting responsible citizenship and the relevance of science. In M. Evagorou, J. Nielsen, & J. Dillon (Hrsg.), *Science teacher education for responsible citizenship*.

Contemporary trends and issues in science education (Bd. 52). Springer.

Fonseca, X., Lukosch, S., & Brazier, F. (2019). Social cohesion revisited: A new definition and how to characterize it. *Innovation: The European Journal of Social Science Research, 32*(2), 231–253.

Gaskell, G., Stares, S., Allansdottir, A., Allum, N., Castro, P., Esmer, Y., Fischler, C., Jackson, J., Kronberger, N., Hampel, J., Mejlgaard, N., Quintanilha, A., Rammer, A., Revuelta, G., Stoneman, P., Torgersen, H., & Wagner, W. (2010). Europeans and Biotechnology in 2010: Winds of change? A report to the European Commission's DG for research: EUR 24537. http://www.eurosfaire.prd.fr/7pc/doc/1291370105_europeans_biotechnology_in_2010_en.pdf. Zugegriffen: 07. Apr. 2021.

Graf, D., & Soran, H. (2010). Einstellung und Wissen von Lehramtsstudierenden zur Evolution – Ein Vergleich zwischen Deutschland und der Türkei. In D. Graf (Hrsg.), *Evolutionstheorie – Akzeptanz und Vermittlung im europäischen Vergleich* (S. 141–161). Springer.

Hampel, J., & Zwick, M. (2016). Wahrnehmung, Bewertung und die Akzeptabilität von Technik in Deutschland. *TATuP – Zeitschrift für Technikfolgenabschätzung in Theorie und Praxis, 25*(1), 24–38.

Hendriks, F., Kienhues, D., & Bromme, R. (2016). Trust in science and the science of trust. In B. Blöbaum (Hrsg.), *Trust and Communication in a Digitized World* (S. 143–159). Progress in IS. Springer.

Hill, J. P. (2014). Rejecting evolution: The role of religion, education, and social networks. *Journal for the Scientific Study of Religion, 53*(3), 575–594.

Hornsey, M. J., & Fielding, K. S. (2017). Attitude roots and Jiu Jitsu persuasion: Understanding and overcoming the motivated rejection of science. *American Psychologist, 72*(5), 459–473.

Hussain, A., Ali, S., Ahmed, M., & Hussain, S. (2018). The anti-vaccination movement: a regression in modern medicine. *Cureus, 10*(7).

Kahan, D. M. (2015). Climate-science communication and the measurement problem. *Political Psychology, 36*, 1–43.

Kahan, D. M. (2017). 'Ordinary science intelligence': A science-comprehension measure for study of risk and science communication, with notes on evolution and climate change. *Journal of Risk Research, 20*(8), 995–1016.

Kahan, D.M., & Stanovich, K.E. (2016). *Rationality and belief in human evolution.* Annenberg Public Policy Center, Working Paper (5).

Kahan, D. M., Wittlin, M., Peters, E., Slovic, P., Ouellette, L. L., Braman, D., & Mandel, G. N. (2011). The tragedy of the risk-perception commons: Culture conflict, rationality conflict, and climate change. *Temple University legal studies research paper*, 2011–2026.

Klosterman, M. L., & Sadler, T. D. (2010). Multi-level assessment of scientific content knowledge gains associated with socioscientific issues-based instruction. *International Journal of Science Education, 32*(8), 1017–1043.

Kollmuss, A., & Agyeman, J. (2002). Mind the gap: Why do people act environmentally and what are the barriers to pro-environmental behavior? *Environmental education research, 8*(3), 239–260.

Kolstø, S. D. (2006). Patterns in students' argumentation confronted with a risk-focused socio-scientific issue. *International Journal of Science Education, 28*(14), 1689–1716.

Kuschmierz, P., Meneganzin, A., Pinxten, R., Pievani, T., Cvetković, D., Mavrikaki, E., & Beniermann, A. (2020). Towards common ground in measuring acceptance of evolution and knowledge about evolution across Europe: a systematic review of the state of research. *Evolution: Education and Outreach, 13*(1), 1–24.

KMK. (2020). *Bildungsstandards im Fach Biologie für die allgemeine Hochschulreife.* Sekretariat der Ständigen Konferenz der Kultusminister der Länder in der Bundesrepublik Deutschland, Beschluss vom 18.06.2020.

Lobato, E., & Zimmerman, C. (2019). Examining how people reason about controversial scientific topics. *Thinking & Reasoning, 25*(2), 231–255.

Lombardi, D., & Sinatra, G. M. (2012). College students' perceptions about the plausibility of human-induced climate change. *Research in Science Education, 42*(2), 201–217.

Means, M. L., & Voss, J. F. (1996). Who reasons well? Two studies of informal reasoning among children of different grade, ability, and knowledge levels. *Cognition and Instruction, 14*(2), 139–178.

Mecklenburg, L., Beniermann, A., & Upmeier zu Belzen, A. (in Vorb.). Reasoning on socio-scientific issues: Patterns of scientific and non-scientific Arguments.

Oettingen, G., Mayer, D., & Brinkmann, B. (2010). Mental contrasting of future and reality: Managing the demands of everyday life in health care professionals. *Journal of Personnel Psychology, 9,* 138–144.

Parchmann, I., & Kuhn, J. (2018). Lernen im Kontext. In D. Krüger, I. Parchmann, & H. Schecker (Hrsg.), *Theorien in der naturwissenschaftsdidaktischen Forschung* (S. 193–207). Springer.

Pérez-Escoda, A., Jiménez-Narros, C., Perlado-Lamo-de-Espinosa, M., & Pedrero-Esteban, L. M. (2020). Social networks' engagement during the COVID-19 pandemic in spain: Health media vs. Healthcare professionals. *International Journal of Environmental Research and Public Health, 17*(14), 5261.

Rafolt, S., Kapelari, S., & Kremer, K. (2019). Kritisches Denken im naturwissenschaftlichen Unterricht – Synergiemodell, Problemlage und Desiderata. *Zeitschrift für Didaktik der Naturwissenschaften, 25*(1), 63–75.

Reinhardt, S. (2019). Fridays For Future – Moral und Politik gehören zusammen. *GWP–Gesellschaft. Wirtschaft. Politik, 68*(2), 7–8.

Rönnebeck, S., Schöps, K., Prenzel, M., Mildner, D., & Hochweber, J. (2010). Naturwissenschaftliche Kompetenz von PISA 2006 bis PISA 2009. In E. Klieme, C. Artelt, J. Hartig,

N. Jude, O. Köller, M. Prenzel, W. Schneider, & P. Stanat (Hrsg.), *PISA 2009 – Bilanz nach einem Jahrzehnt* (S. 177–198). Waxmann.

Rusch, H. (2014). Naturalistische Zumutungen. *Aufklärung und Kritik, 2014*(1), 103–122.

Sadler, T. D. (2004). Informal reasoning regarding socioscientific issues: A critical review of research. *Journal of Research in Science Teaching: The Official Journal of the National Association for Research in Science Teaching, 41*(5), 513–536.

Sampson, V., & Clark, D. B. (2008). Assessment of the ways students generate arguments in science education: Current perspectives and recommendations for future directions. *Science Education, 92*(3), 447–472.

Scheufele, D. A. (2014). Science communication as political communication. *Proceedings of the National Academy of Sciences, 111*(Supplement 4), 13585–13592.

Schmid, P., & Betsch, C. (2019). Effective strategies for rebutting science denialism in public discussions. *Nature Human Behaviour, 3*(9), 931–939.

Scott, S. E., Inbar, Y., Wirz, C. D., Brossard, D., & Rozin, P. (2018). An overview of attitudes toward genetically engineered food. *Annual Review of Nutrition, 38*, 459–479.

Sturgis, P., & Allum, N. (2004). Science in society: Re-evaluating the deficit model of public attitudes. *Published journal papers from the Department of Sociology, 13*(1), 55–74.

Upmeier zu Belzen, A., & Beniermann, A. . (2020). Naturwissenschaftliche Grundbildung im Fächerkanon der Schule. *Zeitschrift für Pädagogik, 2020*(5), 642–665.

Vermeir, I., & Verbeke, W. (2006). Sustainable food consumption: Exploring the consumer „attitude–behavioral intention" gap. *Journal of Agricultural and Environmental ethics, 19*(2), 169–194.

Vollmer, G. (1994). *Evolutionäre Erkenntnistheorie: Angeborene Erkenntnisstrukturen im Kontext von Biologie, Psychologie, Linguistik*. Hirzel.

Wissenschaft im Dialog. (2018). Wissenschaftsbarometer 2018. Wissenschaft im Dialog/Kantar.

Wissenschaft im Dialog. (2019). Wissenschaftsbarometer 2019. Wissenschaft im Dialog/Kantar.

Wissenschaft im Dialog. (2020a). Wissenschaftsbarometer 2020. Wissenschaft im Dialog/Kantar.

Wissenschaft im Dialog. (2020b). Wissenschaftsbarometer Corona Spezial April. Wissenschaft im Dialog/Kantar.

Wissenschaft im Dialog. (2020c). Wissenschaftsbarometer Corona Spezial Mai. Wissenschaft im Dialog/Kantar.

Zeidler, D. L., & Nichols, B. H. (2009). Socioscientific issues: Theory and practice. *Journal of Elementary Science Education, 21*(2), 49.

Zeidler, D. L., Herman, B. C., & Sadler, T. D. (2019). New directions in socioscientific issues research. *Disciplinary and Interdisciplinary Science Education Research, 1*(1), 1–9.

Zeidler, D. L. (2014). Socioscientific issues as a curriculum emphasis. Theory, research, and practice. In NG Lederman & SK Abell (Hrsg.), *Handbook of research on science education* (2. Aufl., S. 697–726).

Dr. Anna Beniermann ist seit 2019 PostDoc in der Abteilung für Fachdidaktik und Lehr-/Lernforschung Biologie an der Humboldt-Universität zu Berlin. Im Sommersemester 2021 ist sie Vertretungsprofessorin für das Fachgebiet „Didaktik der Biologie" an der Universität Kassel. Sie promovierte 2018 an der Justus-Liebig-Universität Gießen bei Prof. Dr. Dittmar Graf mit einer Arbeit zur Akzeptanz der Evolutionstheorie. Seit 2018 leitet sie eine internationale Arbeitsgruppe zur europaweiten Erhebung von Evolutionsakzeptanz in der von der Europäischen Union geförderten COST Action „EuroScitizen". Seit 2021 ist sie stellvertretende Vorsitzende dieser COST Action. Von 2017 bis 2019 leitete sie die philoscience gGmbH als inhaltliche und organisatorische Leitung. Ihre Forschungsinteressen liegen in der Analyse von affektiven und kognitiven Faktoren, die mit dem Lehren und Lernen von sowie der Kommunikation über gesellschaftlich kontrovers diskutierte biologische Inhalte einhergehen, sowie in methodischen Fragen von Operationalisierung und Validität bei Fragebogenerhebungen. Weiterhin engagiert sie sich in der Wissenschaftskommunikationsforschung und ist auch selbst aktiv als Wissenschaftskommunikatorin, z. B. bei populärwissenschaftlichen Vorträgen oder auf Science Slams.

Gefilterte Ansichten – Zur Rolle von Filterblasen und Echokammern bei der Nutzung, Verarbeitung und Aneignung von Fake News und Verschwörungstheorien

Ines Clara Welzenbach-Vogel

Fake News und Verschwörungstheorien sind an sich keine neuen Phänomene: Falschinformationen, beispielsweise in Form von Zeitungsenten, sind schon lange Teil der Mediengeschichte (vgl. Hill, 2018), und Verschwörungstheorien, insbesondere solche mit antisemitischem Hintergrund, existieren bereits seit Jahrhunderten (Wetzel, 2018, S. 22). Neu an beiden Phänomenen ist allerdings, dass sie über digitale Medien und hierbei vorrangig über soziale Medien wie Facebook, Twitter und YouTube verbreitet werden (Schmitt et al., 2017; Schneider et al., 2020). Diese Form der Verbreitung umgeht die Gatekeeper-Funktion des professionellen Journalismus (z. B. Tageszeitungen, öffentlich-rechtlichen Rundfunkanbietern;

I. C. Welzenbach-Vogel (✉)
Universität Koblenz-Landau, Landau, Deutschland
E-Mail: vogel@uni-landau.de

© Der/die Autor(en), exklusiv lizenziert durch Springer-Verlag GmbH, DE, ein Teil von Springer Nature 2021
M. C. Bauer und L. Deinzer (Hrsg.), *Zwischen Wahn und Wahrheit*,
https://doi.org/10.1007/978-3-662-63641-1_8

Kohring & Zimmermann, 2018) und trägt dazu bei, dass sich Fake News und Verschwörungstheorien 1) deutlich schneller verbreiten und dabei 2) eine deutlich größere Reichweite erzielen können (Schneider et al., 2020). Die meist politisch und/oder ideologisch aufgeladenen, polarisierenden Inhalte zielen dabei u. a. darauf ab, Misstrauen in die Politik, in etablierte Medien und bestimmte Bevölkerungsgruppen zu säen, Ängste zu schüren und letztlich Einfluss auf (politische) Meinungsbildungs- und Entscheidungsprozesse zu nehmen (Hendricks & Vestergaard, 2019). Spätestens seit dem US-amerikanischen Präsidentschaftswahlkampf im Jahr 2016 sind Fake News und Verschwörungstheorien in den Fokus des öffentlichen und wissenschaftlichen Interesses gerückt und werden als ernst zu nehmendes Problem für die Demokratie und das gesellschaftliche Miteinander angesehen. In diesem Zusammenhang wird auch diskutiert, welche Bedeutung sog. Filterblasen und Echokammern bei der Verbreitung von Fake News und Verschwörungstheorien zukommt. Um dieser Frage nachzugehen, nimmt der vorliegende Beitrag zunächst eine Definition und Abgrenzung der beiden Begriffe vor. Um das Ausmaß der angenommenen Problematik besser einschätzen zu können, wird auf Grundlage aktueller Forschungsarbeiten erörtert, ob und in welchem Umfang die beiden Phänomene tatsächlich real vorkommen. Ferner wird beleuchtet, ob bestimmte Merkmale aufseiten der Mediennutzerinnen und -nutzer die Neigung begünstigen, online in Filterblasen und Echokammern zu geraten. Der Beitrag geht außerdem auf psychologische Erklärungsansätze zur Verarbeitung, Aneignung und Wirkung von Fake News und Verschwörungstheorien ein. Abschließend wird eine Einschätzung vorgenommen, welche Medienkompetenzen erforderlich sind, um sich vor dysfunktionalen Auswirkungen von Filterblasen und

Echokammern sowie vor negativen Wirkungen von Fake News und Verschwörungstheorien schützen zu können.

1 Begriffsbestimmung

Die aktuelle Kontroverse um dysfunktionale Auswirkungen von Filterblasen und Echokammern hängt laut Stark et al. (2019, S. 2) eng mit dem Aufstieg von sog. Informationsintermediären zusammen, also Suchmaschinen (z. B. Google, Bing), Soziale Medien (z. B. Facebook, Twitter, Instagram) und Nachrichtenaggregatoren (z. B. Google News, Reddit). Nach Cho et al. (2020, S. 150) bilden Informationsintermediäre für die meisten Menschen den wichtigsten Zugangsweg („key gateway") zu online erhältlichen Informationen. Sie erleichtern zum einen die Navigation durch die unendliche Fülle an online verfügbaren Informationen. Zum anderen ermöglichen sie eine schnelle Identifikation, Auswahl und Nutzung von Informationen, die den Interessen und Präferenzen der Nutzerinnen und Nutzer entsprechen und die von persönlicher Relevanz für diese sind. Gemein ist sämtlichen Informationsintermediären, dass sie Daten über das Verhalten der Nutzerinnen und Nutzer sammeln (Stark et al., 2019). Die gesammelten Daten wiederum ermöglichen Algorithmen, die Vorlieben der Nutzerinnen und Nutzer zu identifizieren und ihnen darauf abgestimmt, passende Informationen vorzuschlagen (vgl. Cho et al., 2020; Schneider et al., 2020). Wenngleich nach Cho et al. solche „information recommender systems" die Orientierung im Internet erheblich erleichtern, birgt die algorithmische Personalisierung von Informationen gleichzeitig die Gefahr, dass Menschen in eine zunehmend einseitige Informationsumgebung geraten. Die in diesem Kontext häufig genannten Begriffe der Filterblase und Echokammer gehen also beide von der Annahme einer Reduktion der Informationsvielfalt aus, weshalb sie in der öffentlichen Diskussion fälschlicherweise zum Teil synonym verwendet werden. Nach Stark et al. (2019, S. 1) bezeichnen beide Begriffe, obwohl miteinander verwandt, allerdings zwei voneinander abzugrenzende Phänomene: Bei dem Begriff der Filterblase („filter bubble"; Pariser, 2011, S. 8) liegt das Hauptaugenmerk auf der Einzelperson. Das Herausfiltern relevanter Informationen wird dabei laut Stark et al. (2019) zum einen durch die einzelne Person selbst gesteuert, indem diese selektiv Inhalte anklickt, rezipiert und positiv bewertet (z. B. durch Likes) und/oder indem diese ihre Präferenzen bei den von ihr genutzten Onlinediensten aktiv kundtut (z. B. im Rahmen des Nutzerprofils). Zum anderen werden Informationen algorithmisch gefiltert, d. h. passend zu ihrem Nutzungsverhalten erhält die Einzelperson Informationsempfehlungen. Beide Komponenten bedingen und verstärken sich nach Ansicht von Stark et al. über die Zeit hinweg gegenseitig, d. h. je besser die algorithmisch vorgeschlagenen Inhalte zu den Interessen der Person passen, desto häufiger wird diese auf die vorgeschlagenen Inhalte klicken. Das wiederum führt dazu, dass ihr immer mehr Informationen gleicher Art vorgeschlagen werden und sich die Vielfalt des Informationsspektrums somit nach und nach reduziert. Nach Messingschlager und Holtz (2020, S. 94) ist Nutzerinnen und Nutzern dabei oftmals nicht bewusst, dass sie „nur eine gefilterte Auswahl der möglichen Informationen und Nachrichten" zu sehen bekommen.

Im Gegensatz zur Filterblase bezeichnet der Begriff Echokammer („echo chamber"; Sunstein, 2001, S. 65) hingegen ein gruppendynamisches Phänomen: Die

Grundlage bildet die empirisch gut belegte Beobachtung, dass Menschen bevorzugt Bindungen mit Menschen eingehen, die ihnen ähnlich sind (z. B. hinsichtlich Alter, Bildung, Herkunft, politischen Einstellungen; s. hierzu „homophily"; McPherson et al., 2001, S. 416). Genau dieses Verhalten nimmt Sunstein (2001) auch für das soziale Miteinander im Online-Kontext an, indem er davon ausgeht, dass Menschen auch hier dazu neigen, sich vor allem mit Gleichgesinnten zu vernetzen (vgl. Garrett, 2009). Die Folge der Vernetzungstendenz mit „Ähnlichen" ist, dass der Kontakt zu unähnlichen und andersdenkenden Menschen immer unwahrscheinlicher wird und Menschen in ihren einstellungshomogenen Netzwerken keine Gegenpositionen zu ihren eigenen Ansichten mehr erfahren können. Die Mitglieder solcher Netzwerke bestärken sich zunehmend gegenseitig in der Richtigkeit ihrer Ansichten, sodass nach Stark et al. (2019) mehr und mehr der Eindruck entsteht, mit der eigenen Einstellung der Mehrheitsmeinung anzugehören (vgl. Dvir-Gvirsman et al., 2018). Der Austausch mit den Gleichgesinnten führt darüber hinaus dazu, dass sich bestehende Einstellungen verfestigen, verstärken und gegebenenfalls extremisieren (vgl. Geiß et al., 2018).

Obwohl es sich um voneinander abgrenzbare Phänomene handelt, können Filterblasen und Echokammern auch in Kombination miteinander auftreten: So können algorithmische Informationsempfehlungen unter Gleichgesinnten für eine zusätzliche Homogenisierung der rezipierten Informationen sorgen. Geschke et al. (2019, S. 130) sprechen in diesem Kontext von einem „triple-filter-bubble model", bei dem technologische, individuelle und soziale Faktoren gemeinsam zur Entstehung von einseitigen Informationsumgebungen beitragen. Als Folge wird befürchtet, dass in sich geschlossene soziale Netzwerke mit stark polarisierten Meinungen entstehen und politische wie auch gesellschaftliche Debatten in immer stärker fragmentierten Teilgesellschaften geführt werden (vgl. Cho et al., 2020).

2 Existenz und Umfang von einseitigen Informationsumgebungen

Befürchtungen über die gesellschaftlichen Folgen von Filterblasen und Echokammern haben zu einer intensiven Erforschung beider Phänomene in den letzten Jahren geführt. Ein Fokus der Forschung liegt dabei auf der Frage, ob und in welchem Umfang die von Pariser (2011) und Sunstein (2001) postulierten Phänomene real existieren.

In Bezug auf Filterblasen und die Personalisierung von Informationen stellten Kraft et al. (2017) im Rahmen ihres Datenspende-Projekts fest, dass es beim Vergleich der Google-Suchergebnisse zur Bundestagswahl 2017 von fast 4000 teilnehmenden Personen große Ähnlichkeiten gibt. Selbst zwischen auf der Suchplattform eingeloggten und nichteingeloggten Personen bestanden große Überschneidungen, sodass die allermeisten Nutzerinnen und Nutzer offenbar dieselben Links zu ihren Suchanfragen erhielten. Beim Vergleich des Mediennutzungsrepertoires von knapp 2800 Personen stellten Webster und Ksiazek (2012, S. 50) große Überlappungen bei der Nutzung von insgesamt 236 in der Studie berücksichtigten Medienoutlets fest. Zu ähnlichen Ergebnissen kamen auch die Studien von Eady et al. (2019), Garrett (2009), Dvir-Gvirsman et al. (2016) sowie von Gentzkow & Shapiro (2011). Letztere konnten ferner bezüglich der

Nachrichtennutzung ermitteln, dass eine komplett einseitige Informationsrezeption selten vorkommt: Sie stellten sogar fest, dass Nutzerinnen und Nutzer von White-Activist-Diskussionsforen mit einer doppelt so hohen Wahrscheinlichkeit die Webseite der New York Times besuchten als Besucherinnen und Besucher von Nachrichtenportalen wie Yahoo! News (Gentzkow und Shapiro 2011, S. 1823). In Bezug auf die Nachrichtennutzung zeigten Sindermann et al. (2020, S. 5), dass nur 4,34 % der von ihnen befragten Personen sich ausschließlich über die von sozialen Medien angebotenen Newsfeeds informierten.

In Bezug auf die Nutzung von Online-Angeboten, die einerseits Informationen über Politik, andererseits ideologisch aufgeladene Informationen darboten, kamen Dvir-Gvirsman et al. (2016, S. 869) zu dem Ergebnis, dass nur 3 % der teilnehmenden Personen ausschließlich ideologisch getönte Angebote im Einklang mit ihren eigenen Einstellungen nutzten. Etwa die Hälfte der Befragten (49 %) besuchte neben etablierten politischen Nachrichtenmedien auch ideologisch gefärbte Angebote unterschiedlicher Lager, d. h. also durchaus auch Angebote, die nicht konform zu ihren eigenen Einstellungen waren. Eine vielbeachtete Studie von Bakshy et al. (2015) befasste sich schließlich mit dem Ausmaß der ideologischen Homophilie auf Facebook. Hierzu analysierten sie die Newsfeeds von über 10 Mio. Facebook-Nutzerinnen und -nutzern und kamen zu dem Ergebnis, dass eine einseitige und stark einstellungskonsistente Informationsnutzung neben algorithmischen Informationsempfehlungen, vor allem durch individuelle Selektionsentscheidungen der Nutzerinnen und Nutzer sowie durch Personen auf der Facebook-Freundesliste und Informationen, die von diesen befreundeten Personen geteilt wurden, bedingt wurde.

Gentzkow und Shapiro (2011) zeigten mit ihrer Studie außerdem, dass die ideologische Segregation bei Face-to-face-Kontakten verglichen mit der Internetnutzung stärker ausgeprägt ist: So gilt insbesondere für „strong ties" (Granovetter, 1973, S. 1361), d. h. für den Kreis der Familie sowie für Personen, die ein besonderes Vertrauensverhältnis zueinander genießen, dass Interaktionen vor allem unter Gleichgesinnten stattfinden. Dieses auf den ersten Blick überraschende Ergebnis verwundert bei näherer Betrachtung nicht, denn laut Stark et al. (2019, S. 9) befördern gerade Soziale Medien die Kontaktpflege mit „weak ties", also eher zwanglosen und/oder flüchtigen Bekanntschaften aus unterschiedlichsten Lebenskontexten (z. B. Schule, Arbeit, Wohnumfeld, Urlaub). Im Vergleich zum Face-to-face-Kontakt ist es hier also wahrscheinlicher, mit abweichenden Weltanschauungen konfrontiert zu werden.

Ausgehend von der vorgestellten Befundlage halten zahlreiche Autorinnen und Autoren Filterblasen und Echokammern zwar für durchaus real existent, in ihrem Ausmaß jedoch überschätzt und in der theoretisch postulierten Reinform nur selten vorkommend (s. u. a. Dubois & Blank, 2018; Guess et al., 2018a; Stark, 2019; Zuiderveen et al., 2016). In der Folge sprechen sich beispielsweise Stark et al., (2019, S. 10) dafür aus, Filterblasen und Echokammern als ein „Kontinuum zwischen einem ausbalancierten, überlappenden Informationsrepertoire und einer dysfunktionalen Abkopplung" zu verstehen. Somit stellt sich nicht die Frage, ob sich Menschen „in einer Filterblase oder Echokammer befinden oder nicht", sondern eher *„bis zu welchem Grad"* (Hervorhebung im Original) sie sich in einer einseitigen Informationsumgebung bewegen.

3 Merkmale von Personen in einseitigen Informationsumgebungen

Der vorangegangene Abschnitt zeigte, dass auch online eine Vernetzung mit Gleichgesinnten stattfindet, diese aber weniger deutlich ausgeprägt ist als bei Face-to-face-Kontakten. Weiterhin weist der bisherige Stand der Forschung daraufhin, dass eine komplett einstellungskonforme Informationsnutzung und die ausschließliche Nutzung von Newsfeeds zu Informationszwecken ebenfalls selten vorkommen, es aber durchaus individuelle und graduelle Unterschiede geben kann, in welchem Ausmaß Menschen dazu tendieren, sich in einseitigen Informationsumgebungen zu bewegen. Vor diesem Hintergrund hat sich eine Reihe von Forschungsarbeiten mit der Frage befasst, welche nutzerseitigen Merkmale mit der Neigung zu einseitigen Informationsumgebungen zusammenhängen.

Als eine wichtige treibende Kraft erweist sich hierbei offenbar das Ausmaß, in dem Menschen etablierten Medien vertrauen oder eben misstrauen. Eine Repräsentativbefragung von Ziegele et al. (2018, S. 153) identifizierte einen harten Kern von Medienzynikerinnen und -zynikern, der heftige und pauschale Kritik an etablierten Medien übte: 13 % der Befragten stimmten demnach dem „Lügenpresse"-Vorwurf zu: Sie warfen etablierten Medien vor, die Bevölkerung systematisch zu belügen und unterstellten ihnen, nicht über (vermeintlich) berechtigte Meinungen zu berichten, wenn sie diese für unerwünscht hielten. Mit Blick auf das Mediennutzungsverhalten zeigte eine Studie von Möller et al. (2020), dass insbesondere Menschen, die etablierten Medien misstrauen, sich vermehrt Sozialen Medien als alternativen

Informationsquellen zuwenden. Mit Blick auf die Frage, durch welche Merkmale sich Menschen mit geringem Medienvertrauen auszeichnen, ermittelten Schultz et al. (2017), dass das Misstrauen vor allem bei denjenigen ausgeprägt war, die eine hohe Politikverdrossenheit aufwiesen, mit der AfD sympathisierten, ein geringes politisches Faktenwissen hatten, wenig über Medien und die Arbeitsweise von Journalistinnen und Journalisten wussten, sich große Sorgen um ihre eigene wirtschaftliche Zukunft machten und allgemein zu verschwörungstheoretischem Denken neigten.

Politische Einstellungen, und hierbei vor allem konservative oder rechtsextreme Einstellungen, werden häufig ebenfalls als Treiber einer einseitigen Informationsnutzung und Abwendung von etablierten (Nachricht-) Medien vermutet. Die Datenlage hierzu ist allerdings nicht ganz eindeutig: So stellten Eady et al. (2019), Gentzkow und Shapiro (2011), Möller et al. (2020), sowie Webster und Ksiazek (2012) in ihren Studien keinen Hinweis auf eine generelle Abwendung von traditionellen Medien fest. Gentzkow und Shapiro (2011) sowie Möller et al. (2020) stellten sogar fest, dass Menschen mit konservativen Einstellungen mit einer höheren Wahrscheinlichkeit Informationen der gegnerischen Seite rezipierten als Menschen mit linksgerichteten politischen Einstellungen. Die Studie von Sindermann et al. (2020) kam für rechtsextreme Einstellungen hingegen zu dem Ergebnis, dass Befragte mit hohen Ausprägungen sich besonders einseitig informierten.

Hinsichtlich der Neigung zur Vernetzung mit Gleichgesinnten in sozialen Medien untersuchten Boutyline und Willer (2017) die Bedeutsamkeit von politischen Einstellungen: Sie kamen zu dem Ergebnis, dass Menschen mit konservativen politischen Einstellungen sowie Menschen mit generell extremen politischen

Ansichten – egal ob am linken oder rechten Ende des Meinungsspektrums – stärker dazu neigen, sich untereinander zu vernetzen und in homogenen sozialen Netzwerken auszutauschen. Ähnliche Ergebnisse wurden auch in den Studien von Dvir-Gvirsman (2017) sowie von Guess et al. (2018b) berichtet. Eine Studie von Bessi (2016) untersuchte ferner den Zusammenhang von Persönlichkeitsmerkmalen und der Neigung zur Vernetzung mit Gleichgesinnten. Der Autor konnte hierbei Zusammenhänge mit den Persönlichkeitsmerkmalen Extraversion, Verträglichkeit, Gewissenhaftigkeit und Offenheit feststellen: Demnach neigten vor allem Menschen zur Vernetzung mit Gleichgesinnten, die den Austausch mit befreundeten oder ihnen bereits bekannten Personen bevorzugten, sich argwöhnisch und antagonistisch gegenüber ihren Mitmenschen und insbesondere gegenüber Andersdenkenden verhielten, unkonventionelle Interessen an den Tag legten sowie eine höhere Bereitschaft zu antisozialem Verhalten aufwiesen.

4 Kontakt und Umgang mit Fake News und Verschwörungstheorien im Rahmen einseitiger Informationsumgebungen

In der Einleitung wurde dargelegt, dass Fake News und Verschwörungstheorien vorrangig über Soziale Medien verbreitet werden. Hierbei stellt sich zunächst einmal die Frage, wie häufig Menschen überhaupt mit ihnen in Kontakt kommen. Ergebnisse einer Studie im Auftrag der Landesanstalt für Medien NRW (2019, S. 4) geben hierzu erste Aufschlüsse: So wurde festgestellt, dass 72 % der Befragten schon einmal (vermutete) Fake News im Internet aufgefallen waren. Laut Ergebnissen der JIM-Studie des Medienpädagogischen Forschungsverbunds Südwest (mpfs, 2020, S. 63), die sich mit der Mediennutzung von Jugendlichen im Alter zwischen 12 und 19 Jahren befasst, wurden 43 % der Jugendlichen mit Verschwörungstheorien und 34 % mit Fake News im Internet konfrontiert. Es zeigte sich außerdem, dass vor allem Jüngere und Jugendliche mit einem formal niedrigeren Bildungshintergrund häufiger von Fake News und Verschwörungstheorien betroffen sind. Guess et al. (2019, S. 1) zeigten ferner, dass neben Jugendlichen vor allem auch ältere Menschen (d. h. über 65 Jahre) sowie Menschen mit konservativen politischen Einstellungen und einer geringen Medienkompetenz vermehrt mit Fake News in Kontakt kamen.

In einem nächsten Schritt stellt sich die Frage, wie Menschen mit derartigen Informationen umgehen, wie sie sie verarbeiten und letztlich bewerten. Für die Verarbeitung von Informationen gilt generell, also nicht nur im Kontext der Mediennutzung, dass Menschen aufgrund der Begrenztheit ihrer kognitiven Ressourcen und der Flut an verfügbaren Informationen diese oftmals nicht systematisch verarbeiten, sondern sich eher auf sog. Heuristiken verlassen („heuristics"; Chen & Chaiken, 1999, S. 74). Die heuristische Informationsverarbeitung hat den Vorteil, dass sie nur einen minimalen kognitiven Aufwand erfordert und im Alltag meist zu einer ausreichend genauen Einschätzung von Situationen und Ereignissen führt. Bei der Beurteilung und Bewertung von Informationen greifen Menschen somit auf Daumenregeln und Hinweisreize zurück, die es ihnen erlauben, Rückschlüsse z. B. auf deren Wahrheitsgehalt bzw. Glaubwürdigkeit zu ziehen, ohne dabei einen größeren Aufwand betreiben zu müssen. Hinweisreize, die hierbei in Betracht gezogen werden, können z. B. Merkmale der medial vermittelten Information an sich, der Quelle bzw. der Person, die die Information kommuniziert sowie des Kanals bzw. des Mediums, über den die Informationen verbreitet werden, sein. In diesem Zusammenhang zeigten Swire et al. (2017), dass Informationen vor allem dann für wahr befunden wurden, wenn sie von Quellen bzw. über Medien verbreitet wurden, die die Nutzerinnen und Nutzer als glaubwürdig einschätzten. Neben der Glaubwürdigkeit der eigentlichen Informationsquelle spielte außerdem eine Rolle, wie hoch das Vertrauen in diejenigen ist, die Informationen in Sozialen Medien teilten. Hier zeigten Analysen von Allcott und Gentzkow (2017), dass Informationen vor allem dann geglaubt wurden, wenn sie von Gleichgesinnten oder von befreundeten Personen verbreitet wurden. Problematisch ist dies insofern, als eine Untersuchung von Chadwick et al. (2018, S. 4266) zeigte, dass Menschen online eher sorglos mit der Weitergabe von zum Teil faktisch falschen Informationen umgehen: Mehr als zwei Drittel der Befragten (67,7 %) gaben zu, schon einmal inhaltlich fragwürdige Informationen mit anderen geteilt zu haben, 17,1 % bestätigten, übertriebene bzw. dramatisierende Meldungen an andere weitergegeben zu haben, und fast 9 % schilderten, dass sie wissentlich Meldungen geteilt hatten, die vollkommen frei erfunden waren.

Neben der Übertragung von personen-, quellen- und/oder medienbezogenen Glaubwürdigkeitsbewertungen auf die vermittelten Informationen, stellt eine weitere Daumenregel die Frage dar, wie gut Menschen mit den Informationen bereits vertraut sind bzw. wie häufig sie zuvor mit ihnen in Kontakt waren. Der „truth effect" (Hasher et al., 1977) postuliert in diesem Zusammenhang, dass bereits bekannten Informationen ein höherer Wahrheitsgehalt zugesprochen wird als Informationen, von denen Menschen zum allerersten Mal erfahren. Studien von Dechêne et al. (2010) und von Koch und Zerback (2013) bestätigten diese Annahme und zeigten, dass Menschen – unabhängig von der tatsächlichen Faktizität – vor allem dann den Wahrheitsgehalt von Informationen hoch einschätzten, wenn sie wiederholt und häufig mit ihnen konfrontiert wurden.

Die Entstehung einseitiger Informationsumgebungen wird, wie bereits dargestellt, sowohl durch technologische, individuelle als auch soziale Faktoren bedingt (Geschke et al., 2019). Individuelle Selektionsentscheidungen tragen gemäß den Ergebnissen von Bakshy et al. (2015) maßgeblich zur Entstehung einseitiger Informationsumgebungen bei. Solche selektiven Mediennutzungsprozesse sind keinesfalls nur auf die Nutzung digitaler Medien beschränkt, sondern wurden bereits intensiv für klassische Massenmedien erforscht („selective processes"; Zillmann & Bryant, 1985, S. 1; vgl. auch Stroud, 2008). Selektive Prozesse treten dabei in allen Phasen der Mediennutzung und bei der Verarbeitung von medial vermittelten Informationen auf, z. B. bei der Wahrnehmung („selective perception"), Aufmerksamkeit („selective attention"), Auswahl, Zuwendung und Nutzung („selective exposure") sowie bei der Interpretation, Bewertung, Speicherung und Erinnerung von medienvermittelten Informationen („selective retention" bzw. „selective memory"; Garrett, 2007, S. 740 f.). Laut Zillmann und Bryant (1985) laufen einige dieser Prozesse automatisch und unbewusst ab, viele unterliegen jedoch der willentlichen Kontrolle und erfolgen deliberativ. Gemäß Forschungsarbeiten zum „confirmation bias" (Wason, 1960) und zum „motivated reasoning" (Kunda, 1990) spielen hierbei bereits bestehende Einstellungen und Weltanschauungen der Nutzerinnen und Nutzer eine zentrale Rolle: Beide Ansätze gehen davon aus, dass Menschen motiviert sind, bereits vorhandene Einstellungen zu bestätigen und gegen inkonsistente Informationen zu verteidigen (vgl. „defense motivation"; Chen & Chaiken, 1999, S. 77). In der Folge wenden sie sich nicht allen für sie verfügbaren Informationen gleichermaßen zu, sondern nutzen bevorzugt, häufiger und länger solche Informationen, die ihren Einstellungen entsprechen (vgl. Westerwick et al. 2017; Zollo et al., 2015). Studien von Allcott und Gentzkow (2017) sowie von Schaffner und Roche (2016) bestätigten diesen Zusammenhang und zeigten außerdem, dass Menschen – unabhängig von ihrem tatsächlichen Wahrheitsgehalt – Informationen, die mit ihrem Weltbild bzw. ihren politischen Einstellungen übereinstimmten, mehr Glauben schenkten, schneller lernten und besser erinnerten. Vom eigenen Weltbild abweichende Informationen wurden hingegen, auch wenn sie faktisch korrekt waren, laut Studien von Bessi et al. (2015), Hornsey (2020) sowie von Del Vicario et al. (2017) entweder ignoriert, selektiv interpretiert oder relativiert. In Bezug auf Fake News und Verschwörungstheorien erweisen sich Ergebnisse einer Studie von Cusimano und Lombrozo (2021) als besonders beunruhigend: Sie legten teilnehmenden Personen Fallgeschichten vor und baten sie, sich ein Urteil zu dem jeweils vorgestellten Fall zu bilden. Dabei legte die geschilderte Faktenlage bestimmte Schlüsse nahe; moralische Wertvorstellungen implizierten hingegen die gegenteilige Bewertung der Sachlage. Es stellte sich heraus, dass Personen eher moralische Abwägungen, statt objektive, evidenzbasierte Informationen bei ihren Urteilen berücksichtigen. Insbesondere bei moralisch vorteilhaften Überzeugungen waren Befragte sogar der Ansicht, keine oder nur geringe Legitimationen durch Evidenzen für ihre Haltung zu benötigen.

5 Zusammenfassung und Implikationen für die Medienbildung

Betrachtet man den Forschungsstand zum Umfang von Filterblasen und Echokammern, scheint die damit verbundene Bedrohung nicht ganz so dramatisch zu sein, wie zunächst theoretisch angenommen. Grund zur Entwarnung besteht allerdings nicht, denn Nutzerinnen und Nutzer sind sich oft nicht im Klaren darüber, dass sie durch automatisierte Informationsempfehlungen nur eine gefilterte Auswahl an möglichen Informationen erhalten. Weiterhin tragen sie selbst durch ihre Selektions- und Nutzungsentscheidungen sowie durch ihre Tendenz, sich online wie offline mit Gleichgesinnten zu verbinden, zum Entstehen von einseitigen Informationsumgebungen bei. Es zeigt sich außerdem, dass Fake News und Verschwörungstheorien weitverbreitete Phänomene im Internet sind: Die Mehrheit der Nutzerinnen und Nutzer berichtet, dass sie solche Inhalte bereits bemerkt haben. Besonders häufig kommen Jugendliche, aber auch ältere Menschen sowie Menschen mit einer geringen Medienkompetenz und konservativen politischen Einstellungen mit ihnen in Kontakt. Ferner ist auch bei Menschen mit extremen politischen Einstellungen und hohem Misstrauen gegenüber etablierten Medien zu erwarten, dass sie durch ihre vermehrte Zuwendung zu Sozialen Medien als Informationsquellen, häufiger mit Fake News und Verschwörungstheorien konfrontiert werden.

Auch Erkenntnisse zum Umgang und zur Verarbeitung von medienvermittelten Informationen geben Anlass zur Sorge, dass viele Menschen offenbar recht unkritisch mit inhaltlich fragwürdigen und teilweise frei erfundenen Informationen umgehen, indem sie sie mit anderen teilen und somit zu ihrer Verbreitung beitragen. Dies ist insofern besorgniserregend, als Befunde zur heuristischen Verarbeitung von Informationen zeigen, dass Informationen vor allem dann für glaubhaft erachtet werden, wenn sie von befreundeten, vertrauten Personen übermittelt werden. Des Weiteren sind Menschen eher gewillt, Informationen zu glauben, die ihren Einstellungen, moralischen Wertvorstellungen und ihrem Weltbild entsprechen. Hierbei sind sie sogar geneigt, objektive, evidenzbasierte Faktenlagen zu ignorieren.

Die gezielte Medienkompetenzförderung ist somit so wichtig wie nie zuvor, denn einerseits kommen vor allem junge Menschen mit Fake News und Verschwörungstheorien in Kontakt und andererseits mangelt es vor allem denjenigen, die sich von etablierten Medien abwenden und Sozialen Medien zuwenden, an medienbezogenem Wissen. In Anlehnung an das Medienkompetenzkonzept von Six und Gimmler (2018) gilt es somit, zum einen Lücken im Orientierungswissen über Medien, Medieninhalte und -angebote zu schließen und die Fähigkeit zur Differenzierung von Informationen aus traditionellen Medien im Unterschied zu sozialen Medien zu fördern. Zum anderen gilt es, Hintergrundwissen über typische Verbreitungswege von Online-Informationen zu vermitteln, um für die oftmals politisch und/oder ideologisch motivierten Absichten hinter Fake News und Verschwörungstheorien zu sensibilisieren. In diesem Zusammenhang ist auch erforderlich sog. „computational thinking" (s. z. B. Denning & Tedre, 2019, S. 2 ff.) zu fördern, damit Nutzerinnen und Nutzer nachvollziehen können, nach welcher Logik Algorithmen funktionieren und wie dadurch Filterblasen bzw. Echokammern entstehen können. Das Wissen hierüber bildet eine Voraussetzung dafür, um online dargebotene und empfohlene

Informationen besser einordnen und kritisch bewerten zu können.

In Bezug auf Fake News und Verschwörungstheorien machen die Ergebnisse von Hornsey (2020) deutlich, dass es mit einer bloßen Bereitstellung von objektiven Fakten nicht getan ist. Vielmehr gilt es, die individuellen Bedürfnisse, Interessen, Werthaltungen, Sorgen und Ängste sowie Aspekte der persönlichen und sozialen Identität, die hinter der Zuwendung zu bestimmten Medienangeboten und -inhalten stecken, nachzuvollziehen und ernst zu nehmen. Unter Berücksichtigung dieser individuellen Beweggründe kann dann darauf hingearbeitet werden, dass Menschen sich kritisch mit ihren Selektionsentscheidungen und Mediennutzungsweisen auseinandersetzen und sich besser vor potenziellen Wirkungen von Fake News und Verschwörungstheorien schützen können.

Literatur

Allcott, H., & Gentzkow, M. (2017). Social media and fake news in the 2016 election. *Journal of Economic Perspectives, 31*(2), 211–236. https://doi.org/10.1257/jep.31.2.211.

Bakshy, E., Messing, S., & Adamic, L. A. (2015). Exposure to ideologically diverse news and opinion on Facebook. *Science, 348*(6239), 1130–1132. https://doi.org/10.1126/science.aaa1160.

Bessi, A. (2016). Personality traits and echo chambers on facebook. *Computers in Human Behavior, 65*, 319–324. https://doi.org/10.1016/j.chb.2016.08.016.

Bessi, A., Coletto, M., Davidescu, G. A., Scala, A., Caldarelli, G., & Quattrociocchi, W. (2015). Science vs conspiracy: Collective narratives in the age of misinformation. *PLoS ONE, 10*(2) e0118093. https://doi.org/10.1371/journal.pone.0118093.

Boutyline, A., & Willer, R. (2017). The social structure of political echo chambers: Variation in ideological homophily in online networks. *Political Psychology, 38*(3), 551–569. https://doi.org/10.1111/pops.12337.

Chadwick, A., Vaccari, C., & O'Loughlin, B. (2018). Do tabloids poison the well of social media? Explaining democratically dysfunctional news sharing. *New Media & Society, 20*(11), 4255–4274. https://doi.org/10.1177/1461444818769689.

Chen, S., & Chaiken, S. (1999). The heuristic-systematic model in its broader context. In S. Chaiken & Y. Trope (Hrsg.), *Dual-process theories in social psychology* (S. 73–96). Guilford.

Cho, J., Ahmed, S., Hilbert, M., Liu, B., & Luu, J. (2020). Do search algorithms endanger democracy? An experimental investigation of algorithm effects on political polarization. *Journal of Broadcasting & Electronic Media, 64*(2), 150–172. https://doi.org/10.1080/08838151.2020.1757365.

Cusimano, C., & Lombrozo, T. (2021). Morality justifies motivated reasoning in the folk ethics of belief. *Cognition,* 104513. https://doi.org/10.1016/j.cognition.2020.104513.

Dechêne, A., Stahl, C., Hansen, J., & Wänke, M. (2010). The truth about the truth: A meta-analytic review of the truth effect. *Personality and Social Psychology Review, 14*(2), 238–257. https://doi.org/10.1177/1088868309352251.

Del Vicario, M., Scala, A., Caldarelli, G., Stanley, H. E., & Quattrociocchi, W. (2017). Modeling confirmation bias and polarization. *Scientific reports, 7,* 40391. https://doi.org/10.1038/srep40391.

Denning, P. J., & Tedre, M. (2019). *Computational thinking. The MIT press essential knowledge series.* The MIT.

Dubois, E., & Blank, G. (2018). The echo chamber is overstated: The moderating effect of political interest and diverse media. *Information, Communication & Society, 21*(5), 729–745. https://doi.org/10.1080/1369118X.2018.1428656.

Dvir-Gvirsman, S. (2017). Media audience homophily: Partisan websites, audience identity and polarization processes. *New Media & Society, 19*(7), 1072–1091. https://doi.org/10.1177/1461444815625945.

Dvir-Gvirsman, S., Tsfati, Y., & Menchen-Trevino, E. (2016). The extent and nature of ideological selective exposure online: Combining survey responses with actual web log data from the 2013 Israeli Elections. *New Media & Society, 18*(5), 857–877. https://doi.org/10.1177/1461444814549041.

Dvir-Gvirsman, S., Garrett, R. K., & Tsfati, Y. (2018). Why do partisan audiences participate? Perceived public opinion as the mediating mechanism. *Communication Research, 45*(1), 112–136. https://doi.org/10.1177/0093650215593145.

Eady, G., Nagler, J., Guess, A., & [Andy], Zilinsky, J. & Tucker, J. A. (2019). How many people live in political bubbles on social media? Evidence from linked survey and Twitter data. *SAGE Open, 9*(1), 1–21. https://doi.org/10.1177/2158244019832705.

Garrett, R. K. (2007). Selective processes, exposure, perception, memory. In L. L. L. Kaid & C. Holtz-Bacha (Hrsg.), *Encyclopedia of Political Communication* (S. 740–741). Sage.

Garrett, R. K. (2009). Echo chambers online? Politically motivated selective exposure among Internet news users. *Journal of Computer-Mediated Communication, 14*(2), 265–285. https://doi.org/10.1111/j.1083-6101.2009.01440.x.

Geiß, S., Magin, M., Stark, B., & Jürgens, P. (2018). „Common Meeting Ground" in Gefahr? Selektionslogiken politischer Informationsquellen und ihr Einfluss auf die Fragmentierung individueller Themenhorizonte. *Medien & Kommunikationswissenschaft, 66*(4), 502–525. https://doi.org/10.5771/1615-634X-2018-4-502.

Gentzkow, M., & Shapiro, J. M. (2011). Ideological segregation online and offline. *The Quarterly Journal of Economics, 126*(4), 1799–1839. https://doi.org/10.1093/qje/qjr044.

Geschke, D., Lorenz, J., & Holtz, P. (2019). The triple-filter bubble: Using agent-based modelling to test a meta-theoretical framework for the emergence of filter bubbles and echo chambers. *The British journal of social psychology, 58*(1), 129–149. https://doi.org/10.1111/bjso.12286.

Granovetter, M. S. (1973). The strength of weak ties. *American Journal of Sociology, 78*(6), 1360–1380.

Guess, A [Andrew], Nagler, J., & Tucker, J. (2019). Less than you think: Prevalence and predictors of fake news dissemination on Facebook. *Science advances, 5*(1), eaau4586. https://doi.org/10.1126/sciadv.aau4586.

Guess, A [Andrew], Nyhan, B., Lyons, B., & Reifler, J. (2018a). *Avoiding the echo chamber about echo chambers: Why selective exposure to like-minded political news is less prevalent than you think.* http://kf-site-production.s3.amazonaws.com/media_elements/files/000/000/133/original/Topos_KF_White-Paper_Nyhan_V1.pdf.

Guess, A [Andrew], Nyhan, B., & Reifler, J. (2018b). *Selective exposure to misinformation: Evidence from the consumption of fake news during the 2016 U.S. presidential campaign.* European Research Council. http://www.ask-force.org/web/Fundamentalists/Guess-Selective-Exposure-to-Misinformation-Evidence-Presidential-Campaign-2018.pdf.

Hasher, L., Goldstein, D., & Toppino, T. (1977). Frequency and the conference of referential validity. *Journal of Verbal Learning and Verbal Behavior, 16*(1), 107–112. https://doi.org/10.1016/S0022-5371(77)80012-1.

Hendricks, V. F., & Vestergaard, M. (2019). *Reality lost. Market of attention, misinformation and manipulation.* Springer Open.

Hill, R. (2018). A hundred years of fake news. *American Quarterly, 70*(2), 301–313.

Hornsey, M. J. (2020). Why facts are not enough: Understanding and managing the motivated rejection of science. *Current Directions in Psychological Science, 29*(6), 583–591. https://doi.org/10.1177/0963721420969364.

Koch, T., & Zerback, T. (2013). *Das Wiederholungsparadoxon. Publizistik, 58*(1), 5–21. https://doi.org/10.1007/s11616-012-0164-7.

Kohring, Zimmermann, Zimmermann, F., & Kohring, M. (2018). „Fake News" als aktuelle Desinformation. Systematische Bestimmung eines heterogenen Begriffs. *Medien & Kommunikationswissenschaft, 66*(4), 526–541. https://doi.org/10.5771/1615-634X-2018-4-526.

Krafft, T. D., Gamer, M., Laessing, M., & Zweig, K. A. (2017). Filterblase geplatzt? Kaum Raum für Personalisierung bei Google-Suchen zur Bundestagswahl 2017. https://www.blm.de/files/pdf1/1_zwischenbericht__final.pdf.

Kunda, Z. (1990). The case for motivated reasoning. *Psychological Bulletin, 108*(3), 480–498. https://doi.org/10.1037/0033-2909.108.3.480.

Landesanstalt für Medien NRW. (2019). *Fake News. Zentrale Untersuchungsergebnisse der aktuellen forsa-Studie 2019*. https://www.medienanstalt-nrw.de/fileadmin/user_upload/lfm-nrw/Service/Pressemitteilungen/Dokumente/2019/forsa_LFMNRW_FakeNews2019_Ergebnispraesentation.pdf.

McPherson, M., Smith-Lovin, L., & Cook, J. M. (2001). Birds of a feather: Homophily in social networks. *Annual Review of Sociology, 27*(1), 415–444. https://doi.org/10.1146/annurev.soc.27.1.415.

Medienpädagogischer Forschungsverbund Südwest. (2020). *JIM-Studie 2020. Jugend, Information, Medien. Basisuntersuchung zum Medienumgang 12- bis 19-Jähriger*. https://www.mpfs.de/fileadmin/files/Studien/JIM/2020/JIM-Studie-2020_Web_final.pdf.

Messingschlager, T., & Holtz, P. (2020). Filter bubbles und echo chambers. In M. Appel (Hrsg.) *Die Psychologie des Postfaktischen: über Fake News, „Lügenpresse", Clickbait & Co* (S. 91–102). Springer.

Möller, J., van de Velde, R. N., Merten, L., & Puschmann, C. (2020). Explaining online news engagement based on browsing behavior: Creatures of habit? *Social Science Computer Review, 38*(5), 616–632. https://doi.org/10.1177/0894439319828012.

Pariser, E. (2011). *The filter bubble: What the Internet is hiding from you*. Penguin.

Schaffner, B. F., & Roche, C. (2016). Misinformation and motivated reasoning: Responses to economic news in a politicized environment. *Public Opinion Quarterly*. Vorab-Onlinepublikation. https://doi.org/10.1093/poq/nfw043.

Schmitt, J. B., Ernst, J., Frischlich, L., & Diana, R. (2017). Rechtsextreme und islamistische Propaganda im Internet:

Methoden, Wirkungen und Präventionsmöglichkeiten. In R. Altenhof, S. Bunk, & M. Piepenschnieder (Hrsg.), *Politischer Extremismus im Vergleich* (S. 171–210). LIT.

Schneider, J., Schmitt, J. B., & Rieger Diana. (2020). Wenn die Fakten der Anderen nur eine Alternative sind – "Fake News" in Verschwörungstheorien als überdauerndes Phänomen. In R. Hohlfeld, M. Harnischmacher, E. Heinke, L. S. Lehner, & M. Sengl (Hrsg.), *Fake News und Desinformation: Herausforderungen für die vernetzte Gesellschaft und die empirische Forschung* (1. Aufl., S. 283–294). Nomos.

Schultz, T., Jackob, N., Ziegele, M., Quiring, O., & Schemer, C. (2017). Erosion des Vertrauens zwischen Medien und Publikum? *Ergebnisse einer repräsentativen Bevölkerungsumfrage. Media Perspektiven, 5,* 246–259.

Sindermann, C., Elhai, J. D., Moshagen, M., & Montag, C. (2020). Age, gender, personality, ideological attitudes and individual differences in a person's news spectrum: How many and who might be prone to „filter bubbles" and „echo chambers" online? *Heliyon, 6*(1), e03214. https://doi.org/10.1016/j.heliyon.2020.e03214.

Six, U., & Gimmler, R. (2018). Medienkompetenz im schulischen Kontext. In I. C. Vogel (Hrsg.), *Kommunikation in der Schule* (S. 101–123). Klinkhardt.

Stark, B. (2019). Mythos „Filterblase" – Fiktion oder Realität? Der Stand der Forschung aus kommunikationswissenschaftlicher Perspektive. *MedienWirtschaft, 16*(3), 6–10. https://doi.org/10.15358/1613-0669-2019-3-6.

Stark, B., Magin, M., & Jürgens, P. (2019). Maßlos überschätzt. Ein Überblick über theoretische Annahmen und empirische Befunde zu Filterblasen und Echokammern. https://www.researchgate.net/profile/Melanie-Magin/publication/337316528_Masslos_uberschatzt_Ein_Uberblick_uber_theoretische_Annahmen_und_empirische_Befunde_zu_Filterblasen_und_Echokammern/links/5dd16faa4585156b351bb30a/Masslos-ueberschaetzt-Ein-Ueberblick-ueber-theoretische-Annahmen-und-empirische-Befunde-zu-Filterblasen-und-Echokammern.pdf.

Stroud, N. J. (2008). Media use and political predispositions: Revisiting the concept of selective exposure. *Political Behavior, 30*(3), 341–366. https://doi.org/10.1007/s11109-007-9050-9.

Sunstein, C. R. (2001). *Republic.com*. Princeton University.

Swire, B., Berinsky, A. J., Lewandowsky, S., & Ecker, U. K. H. (2017). Processing political misinformation: Comprehending the Trump phenomenon. *Royal Society open science, 4*(3), 160802. https://doi.org/10.1098/rsos.160802.

Wason, P. C. (1960). On the failure to eliminate hypotheses in a conceptual task. *Quarterly Journal of Experimental Psychology, 12*(3), 129–140. https://doi.org/10.1080/17470216008416717.

Webster, J. G., & Ksiazek, T. B. (2012). The dynamics of audience fragmentation: Public attention in an age of digital media. *Journal of Communication, 62*(1), 39–56. https://doi.org/10.1111/j.1460-2466.2011.01616.x.

Westerwick, A., Johnson, B. K., & Knobloch-Westerwick, S. (2017). Confirmation biases in selective exposure to political online information: Source bias vs. content bias. *Communication Monographs, 84*(3), 343–364. https://doi.org/10.1080/03637751.2016.1272761.

Wetzel, J. (2018). Verschwörungstheorien als Ersatzreligion? Eine historische Herleitung. *Journal für Politische Bildung, 7*(4), 22–25.

Ziegele, M., Jackob, N., Granow, V., Quiring, O., & Schemer, C. (2018). Lügenpresse-Hysterie ebbt ab. Mainzer Langzeitstudie „Medienvertrauen". *Media Perspektiven, 4,* 150–162.

Zillmann, D., & Bryant, J. (1985). Selective-exposure phenomena. In D. Zillmann (Hrsg.), *Selective exposure to communication* (S. 1–10). Erlbaum.

Zollo, F., Novak, P. K., Del Vicario, M., Bessi, A., Mozetič, I., Scala, A., Caldarelli, G., & Quattrociocchi, W. (2015). Emotional dynamics in the age of misinformation. *PLoS ONE, 10*(9), e0138740. https://doi.org/10.1371/journal.pone.0138740.

Zuiderveen Borgesius, F. J., Trilling, D., Möller, J., Bodó, B., Vreese, C. H. de, & Helberger, N. (2016). Should we worry about filter bubbles? *Internet Policy Review, 5*(1). https://doi.org/10.14763/2016.1.401.

Dr. Ines Clara Welzenbach-Vogel ist Diplom-Psychologin und hat an der Universität Koblenz-Landau ein Postgraduiertenstudium in Kommunikationspsychologie und Medienpädagogik absolviert. Seit 2001 arbeitet sie an der Universität Koblenz-Landau am Campus Landau als wissenschaftliche Mitarbeiterin. Bis 2007 war sie am Institut für Kommunikationspsychologie, Medienpädagogik und Sprechwissenschaft beschäftigt und hat 2007 ihre Promotion zum Thema Sad-Film-Paradoxon erfolgreich abgeschlossen. Seit 2008 ist sie Geschäftsführerin des Medienzentrums am Campus Landau. Im Rahmen ihrer Lehre befasst sie sich mit Themen der Medieninhaltsforschung, der medienpsychologischen Rezeptions- und Wirkungsforschung sowie mit der Bedeutung von Kommunikation im schulischen Kontext. Ihre Forschungsinteressen liegen insbesondere im Bereich der Unterhaltungsforschung. Hier interessiert sie sich für Motive und Wirkungen der Nutzung von Narrationen mit moralisch ambivalenten Hauptakteuren. Weitere Arbeitsschwerpunkte bilden die Auseinandersetzung mit medienpädagogischen Implikationen bezogen auf aktuelle Desinformationen sowie die Auseinandersetzung mit Darstellungen von umweltbezogenen Themen in den Medien.

GPSR Compliance
The European Union's (EU) General Product Safety Regulation (GPSR) is a set
of rules that requires consumer products to be safe and our obligations to
ensure this.

If you have any concerns about our products, you can contact us on

ProductSafety@springernature.com

In case Publisher is established outside the EU, the EU authorized
representative is:

Springer Nature Customer Service Center GmbH
Europaplatz 3
69115 Heidelberg, Germany

www.ingramcontent.com/pod-product-compliance
Lightning Source LLC
LaVergne TN
LVHW020344260326
834688LV00045B/1530